I0818350

LA ÚLTIMA PLANTA

ANABÉ TARROU

LA ÚLTIMA PLANTA

PLAZA [PJ] JANÉS

Papel certificado por el Forest Stewardship Council®

Primera edición: enero de 2026

Printed in Spain – Impreso en España

ISBN: 978-84-01-02499-3
Depósito legal: B-19678-2025

Compuesto en M. I. Maquetación, S. L

Impreso en Gómez Aparicio, S. L.
Casarrubuelos (Madrid)

L 0 2 4 9 9 3

A María José, Andrea, Ismael y Miriam,
que no podrán leer este libro,
pero siempre formarán parte de él.

A Hugo,
que me enseña a vivir de nuevo.

Te escribo porque
leí un libro con los huesos.

David Eloy Rodríguez

Fue tan largo el duelo que al final
casi lo confundo con mi hogar.

Vetusta Morla

Índice

Primera Parte
¿Por qué?

Segunda Parte
¿Para qué?

PRIMERA PARTE

¿POR QUÉ?

EVALUACIÓN:

Biopsia de lesión maxilar superior radiográficamente agresiva.
Cito en 15 días.

La boda

Hoy es siempre todavía.

ANTONIO MACHADO

El sonido breve y agudo del teléfono sacude el aire.

—¿Anabé?

—Sí, soy yo.

—Buenas tardes, soy la doctora Sol, del Virgen del Rocío. ¿Podríamos vernos mañana a las nueve y media?

—Claro. ¿Ya están los resultados? ¡Qué rápido!

—Sí... He visto que tienes veintiséis años.

—Mmm... Sí, sí.

—¿Podrían acompañarte tus padres?

—Am..., sí, claro, se lo diré. ¿Mi madre y mi padre, o solo uno?

—Si pueden, mejor los dos.

La voz es serena. Cuelgo. En el salón, la luz baila en las cortinas. El televisor murmura al fondo. Los objetos respiran en silencio. Me observo desde fuera, marcando el número de mis padres, escuchándolos decir que sí, que claro, que vienen conmigo. No hay más palabras. Solo el rumor de la sangre asustada. Una sospecha, un temblor subterráneo que se extiende silencioso.

¿Y si sí? No, no puede ser. No se ha dicho. No se sabe. Seguro que no… Y, sin embargo, el aire pesa distinto. Es de mármol.

Al día siguiente llegamos temprano. El cielo parece un azulejo. En las inmediaciones del hospital, la ciudad ha amanecido con prisa. Algunos transeúntes se apresuran por alcanzar su destino. Otros fuman en la puerta del estanco. Un perro orina sobre la esquina de un portal. Una bandada de niños de distintas edades cruzan los pasos de peatones. El día no puede ser más corriente. Casi parece una mofa.

Mamá, papá y yo entramos al Virgen del Rocío de la mano; somos un único cuerpo tembloroso y tenemos miedo, un miedo superior a nosotros que nos envuelve como papel film. De repente, el mundo es una caja de zapatos sin espacio para respirar.

El guardia de seguridad nos indica que el *hospital de día* se encuentra al final del pasillo central, pasando las paredes pintadas con naranjos. Al llegar, la sala de espera está completamente abarrotada. Personas de todas las edades. Algunos llevan pañuelos en la cabeza; otros, gorros de lana. Hay quien espera en silla de ruedas. Me sorprende tanta cantidad de gente. ¿Qué hago aquí?

A la izquierda, una cola muda frente a un mostrador. Un cartel encima reza:

DEBE SACAR PRIMERO LA PULSERA PARA EL TRATAMIENTO

¿Qué pulsera? ¿Qué tratamiento? ¿Qué me espera detrás de esa puerta?

Siento un nudo que no es exactamente miedo. Es otra cosa. Una intuición telúrica. Una mezcla de irrealidad, de fragilidad, de estar cayendo lentamente y no saber cuánto falta para tocar el suelo.

Entonces suena un pitido. Miro el panel. Sala 5. Es mi turno.

Nos levantamos los tres al unísono, como si hubiésemos ensayado el miedo. La puerta de la sala 5 se abre con un clic seco. Dentro, la doctora ya espera. Es joven, con un rostro tan neutro que parece que no se mancha con las penas. Se llama Sol. Me lo dijo al teléfono, con naturalidad. En otro tiempo me habría parecido un chiste hermoso. Pero aquí su nombre es una ironía insensata.

Nos sentamos los tres frente a ella. Papá a mi izquierda. Mamá a la derecha. Siento que me sujetan como dos columnas.

La doctora habla con una voz neutra que ya tiene entrenada para no llorar:

—Es un tumor raro. Ha costado clasificarlo. Lo enviamos a varios hospitales y finalmente en La Paz, en Madrid, han conseguido ponerle nombre.

Hace una pausa, breve, apenas un segundo.

—Es cáncer.

La palabra entra como un cuchillo. Se queda dentro, vibrando.

—Se trata de un osteosarcoma de alto grado, localizado en el maxilar superior derecho.

Silencio. Solo silencio.

El monstruo ya no es niebla: es hueso.

—Por su ubicación… no se puede extirpar —continúa—. Y... no es un cáncer fácil. Es posible que no responda a la quimioterapia. Tampoco sabemos si la radioterapia surtirá efecto. Pero vamos a intentarlo.

Hace una pausa más larga esta vez. Deja que el aire se llene de todo lo que no se dice.

—Quiero ser honesta. Podría no funcionar, pero vamos a intentarlo… e ir a por todas.

Una frase con demasiadas conjunciones adversativas, pienso yo, que acabo de cumplir veintiséis años y no sé si estoy asistiendo a mi salvación o a mi funeral.

—¿Y ahora qué? —logro articular. No entiendo por qué mi voz no tiembla. Quizá porque ya lo hace todo lo demás.

—Eres muy joven… Podemos primero preservar los óvulos y después empezaremos con la quimio. Debemos ir rápido, es bastante agresivo.

Siento que no estoy allí. O estoy, pero como detrás de un vidrio. La habitación se desenfoca, las palabras se apagan, los rostros se vuelven lejanos. Me he despertado y la pesadilla sigue siendo real.

Los días siguientes son extraños. Nada ocurre, pero todo pesa. Me levanto sin saber si es de día o de noche. Me siento en el borde de la cama, miro el suelo, escucho la casa. Hay algo en la forma en que la luz entra por las ventanas que me parece definitivo.

No puedo dejar de pensar en mis padres, en mi hermana, en sus caras cuando no me miran. En sus silencios, que son más duros que cualquier palabra. En la manera en que ya han empezado a despedirse de su cotidianidad.

Me da miedo morirme, sí. Pero de alguna manera también me abruma ser su ausencia. Ser el hueco en la mesa, la ropa doblada que no se vuelve a usar. Ser la foto que se mira demasiado tiempo.

Y entonces me descubro preguntándome qué quiero dejarles mientras todavía estoy aquí. No hablo de cosas materiales ni de grandes gestos, sino de algo mucho más simple y, a la vez, inalcanzable: quiero dejarles mi abrazo. Quiero que, si la vida se acorta, al menos ellos puedan recordar la tibieza de mi cuerpo, la voz que les dice «te elijo».

Pienso en ellos y me doy cuenta de que lo único que deseo es reunirlos. A todos. A mis padres, a mi hermana, a mis amigas, a mis tíos, a mis primos, a quienes han estado siempre, incluso en los márgenes. Quiero mirarlos a los ojos y decirles que los quiero. Que me son raíz, sostén y refugio.

Pero no sé cómo hacerlo. No existe un rito para esto. No hay misa, ni funeral en vida, ni fiesta inventada que celebre este amor sin nombre. Los funerales llegan tarde; las bodas pertenecen al amor romántico. ¿Y los otros amores? ¿Quién inventa una ceremonia para ellos?

Al principio la idea me parece un disparate. Pero cuanto más la pienso, más clara se vuelve: quizá lo que necesito es justo eso, una fiesta. Una celebración antes de hundirme en la maquinaria del tratamiento. Un alto en el camino para respirar juntos, reírnos, brindar, bailar. No como despedida, sino como promesa de vida.

¡Una boda!, me digo de pronto. No por tradición ni por romanticismo, sino por revelación. Una boda sin pareja, una boda con todos. Un rito absurdo, y por eso mismo perfecto.

Empiezo a planearlo apenas unos días después de la noticia. Hablo con mis padres, buscamos un local. Elijo un vestido sencillo de Zara, color gris perla, con tirantes finos. En casa encuentro un mantón antiguo de mi madre, lleno de flores rojas bordadas. Me lo pruebo frente al espejo y me reconozco: soy una novia andaluza, toda una aparición lorquiana.

Mi familia se entrega por completo al delirio. Preparan canapés, hierven gambas, cortan quesos en daditos. Buscan mermeladas de tres sabores diferentes. Huelen a aceite de oliva y a ternura.

Pronto todo está listo, pero algo falta. Toda mi vida ha estado hecha de palabras. Leer fue mi escondite. Mi trinchera. Mi capilla. Así que pienso: una boda sin novio... quizá merezca un poeta. Y pienso en ese poeta que descubrí en la universidad y me acompaña desde entonces con sus libros, aunque no lo conozca en la vida real.

Buscando en internet encuentro su correo electrónico. Me tiembla un poco el pulso, pero no dudo. Le escribo:

> Hola, F*:
>
> Tengo cáncer en la boca, voy a casarme y querría invitarte a mi boda.
>
> Después de una pandemia mundial en mis veinticinco años, mis veintiséis se han visto celebrados con un cáncer raro y una ruptura amorosa, consecuencia de él. Esto, que bien podría ser la trama argumental de una película de Antena 3 —en la que, a falta de personajes profundos, se suma el drama—, es mi vida. No lo consideres triste; yo, que siempre he sido muy cervantina, celebro la parodia con gusto.
>
> Hay algo que me molesta profundamente de los funerales: siempre se habla del protagonista de la historia cuando es demasiado tarde para que se entere de nada. Más que protagonista,

pasa a ser mero decorado. Parece que solo en las bodas la gente tiene derecho a declarar su amor abiertamente.

Así que el día 31 de octubre de este mes me caso con mi familia, mis amigos, mis padres… porque no concibo otra forma de entender la vida y el amor. Y cuando digo que me caso, digo que habrá banquete, vestido de novia, altar y votos. Pueden arrebatarme el futuro, puedo renunciar a tener pareja, pero no pienso morir sin fiesta y sin amor, y de eso ando plagada, por suerte.

Mis seres queridos acuden a la llamada de mi necesidad de alegría como se acude al pan: hambrientos, con la garganta lista para la miga dura. Y, por supuesto, quería invitar a mi poeta fundacional a esta extraña boda, ya que me enseñaste las palabras que hablan sobre la nostalgia, el tiempo y el dolor, y ahora quizá las entienda y necesite más que nunca.

Ojalá vengas.

Atentamente,
Anabé.

Un impulso eléctrico me corre las venas. No sé si el poeta leerá el mensaje. Tal vez le parezca una broma cruel. Tal vez piense que estoy loca. Y tal vez lo esté. Pero hay una lucidez en la locura que a veces salva. Y algo —algo que no sé nombrar— se acomoda en mí como un pañuelo caliente en el pecho.

Durante los días siguientes, me dedico a los preparativos. A veces me encuentro llorando mientras corto papeles para las invitaciones o mientras repaso la lista de canciones. No es tristeza exactamente. Es algo más amplio, una liturgia secreta. Quizá una despedida.

Por las noches sueño con luces, con abrazos, con adioses que no duelen. Me asusta pensar que este pueda ser mi último acto de celebración. Pero al mismo tiempo, me da paz. Una paz extraña, tejida con miedo y dudas.

En algún momento los días dejan de pesar como piedras para convertirse en segundos de arena que se escurren, e inevitablemente llega el 31 de octubre.

Es por la tarde. El cielo amenaza lluvia, pero nadie lo mira demasiado. Estoy en el coche con mis padres. Llevamos el corazón en silencio, como si no quisiéramos asustar al momento. Me aliso el vestido gris perla con las manos. No es pomposo ni caro. Es sencillo, fluido, bonito. Sobre los hombros llevo el mantón antiguo de mi madre, con flores bordadas que huelen a historia familiar. Y el pelo suelto: largo, naranja, rizado. Porque sé que en unos días empezará a caer. Y quiero que hoy me recuerden así: viva, entera, mía, propia. Sin signos de enfermedad visibles. Solo yo una vez más. Ojalá no una última.

Cuando llegamos, mi padre frena despacio frente al local. La puerta se abre. Y ahí están. Todas esas personas que amo, esperándome. Cincuenta y tres almas en pie, formando un pasillo, levantando bengalas encendidas. Las chispas flotan como luciérnagas en el aire. Proyectan una magia evanescente. Me bajo del coche. Aplausos. Risas. Llantos. Todo en uno. Todo junto, revuelto y a la vez.

El local, que por la mañana estaba desnudo, ahora es una fiesta. Lo han decorado ellos: mis tíos, mis primas, mis padres. Han colgado luces LED a lo largo de todo el techo como una constelación. En un rincón han creado un photocall casero con un pequeño sofá claro de estilo vintage y un cartel dorado para quien quiera hacerse fotos. Junto al sofá reposan, en una mesa auxiliar de madera, un par de libros firmados que me regaló el poeta días atrás cuando nos conocimos en persona. Y es que, sí, el poeta contestó:

> Hola, Anabel:
>
> Te he tenido durante todos estos días en el pensamiento.
>
> Lo que me contaste no me resultó fácil asumirlo emocionalmente, y de pronto me vi en una situación del todo desconocida: muy apesadumbrado por las noticias de alguien a quien jamás he visto ni tratado.
>
> Aparte de eso, tu carta me llegó en un momento en que varios amigos también han tenido, en estos meses, un diagnóstico de cáncer.
>
> ¿Tienes alguna noticia médica nueva?
>
> Muchas gracias por la invitación a tu boda. Me debato entre corresponder a ella y el saber que allí sería, entre tus seres más cercanos, un intruso.
>
> De todas formas, si no presencialmente, me gustaría estar allí de alguna manera. Ya se me ocurrirá algo.
>
> ¿Vives en Sevilla?
>
> Besos y tenme, por favor, al tanto de las noticias que vayas teniendo.

Finalmente, días antes de la boda nos conocimos en persona. Quedamos en una caseta de la feria del libro de Sevilla, donde me recibió con un abrazo. Salimos a charlar un rato a solas y me regaló libros suyos en ediciones especiales y difíciles de conseguir, además de un poema escrito a mano. Tuvo la amabilidad de charlar conmigo, conocerme y mostrarme el lado humano que había al otro lado del papel. Nuestro encuentro fue un regalo valioso y muy singular. Y, como no puede ser de otra manera, ahora está aquí, así: en sus libros, en el photocall donde todos mis seres queridos guardarán un recuerdo.

Junto al sofá, hay sillas, pero casi nadie está sentado. También un carrito de quesos y bandejas de canapés que reposan sobre una gran mesa alargada. Por último, una nevera, al fondo, llena hasta arriba de bebidas que yo no puedo tocar porque he comenzado a pincharme la medicación que prepara mis ovarios para la posterior extracción de óvulos. Pero da igual. Ya estoy bebida de amor. Hay algo en todo esto que me extasía hasta los huesos.

Desde un gran altavoz situado en el centro de la sala suena música. De todo tipo. Camela. Queen. Amaral. Simple Plan. Los Mojinos Escozíos. Los Bravos. El Canto del Loco. Fito. Radiohead. La lista es tan caótica como feliz. Mi vida entera contenida en una playlist.

La fiesta fluye con mucha naturalidad. De alguna forma hemos conseguido un espacio íntimo, ajeno a toda extinción posible. Algunos invitados bailan, otros hablan entre sí, mi padre se pasea entre todos ellos con platos de comida, como si el gesto de ofrecer fuese su forma de decir: «Te quiero, gracias por venir a la *boda* de mi hija». Y todos lo entienden y lo aceptan. Yo intento dedicarle un momento a cada uno de ellos.

Me levanto y camino hacia el centro del local. Todos se giran hacia mí. Sujeto un folio doblado por la mitad. El papel tiembla sobre mi mano. Yo respiro.

—Si os soy sincera… —digo, y ya se escuchan algunas risas cómplices— tenía un discurso preparado desde hace tres semanas.

La gente ríe un poco más fuerte. Saben por dónde va esto.

—Tenía un montón de chistes negros, una historia sobre la caca… y muchas risas. Pero ayer me di cuenta de que hoy es un día importante. Hay algunas cosas que quiero decir.

Alguien en la sala hace un gesto de aplauso contenido. Yo continúo.

—Permitidme que me ponga un poco dramática e intensa… ¿Qué sería de mí sin el dramatismo, eh?

Ríen. Y yo también. La alegría sabe a pólvora de verbena.

—Hace justo un mes me comunicaron una noticia bastante dura. Probablemente la más dura que vaya a recibir en toda mi vida: tengo cáncer.

La risa se apaga en seco. Solo queda el sonido del silencio, y el murmullo de una respiración contenida.

—Y ante el cáncer solo tenía dos elecciones: el miedo o el amor. Y yo, intensa por naturaleza, siempre elijo el amor.

La gente asiente con los ojos. No con la cabeza, con los ojos.

—Hace unas semanas, mi tita Margari, que estaba conmigo en mi habitación, me preguntó: «Bueno, nena, pero ¿tú por qué llamas a la fiesta “tu boda”?».

Pausa. Silencio expectante.

—Y yo lo entiendo, ¿eh? Porque seamos sinceros: no tengo pareja, y con los hombres tengo verdaderas historias de noviazgos que... *agüita pa los calvos.*

Explota la carcajada. Algunos aplauden. Tita Margari levanta las manos desde una esquina y hace un gesto como de «yo no he dicho nada». Las lágrimas se guardan por ahora.

—De hecho —sigo, con una sonrisa torcida—, el último de ellos, Adrián para los amigos, decidió que en su casa había espacio para mi cepillo de dientes, una toalla, un pijama, un hueco en la cama…, pero la enfermedad, los cuidados y el acompañamiento, igual no. Así que salió por la puerta de atrás. Tenía cagaleras. Literal. Se estaba giñando.

Estalla la sala como petardos de feria. Ríen. Se tapan la cara. Alguien grita: «¡Qué sinvergüenza!», y otra voz le contesta: «¡Literal!».

Yo me río también. Luego bajo un poco la voz.

—Y entonces me dije: a ver, ¿estás pidiendo mucho?

Miro hacia donde están sentadas mis amigas. Una de ellas se lleva la mano al pecho. Otra ya tiene los ojos húmedos.

—Bueno, amigas, cuidado con volveros exigentes... que se hace adictivo.

Más risas. Cálidas. Cercanas.

—Total, que me dije: «Esto lo soluciono yo». Me senté, muy digna, muy resolutiva, delante de un papel. Y escribí: MI NOVIO. CARACTERÍSTICAS. DOS PUNTOS.

Aplausos espontáneos. Risas. Un «¡dale, dale!» se cuela desde el fondo.

— Así que aquí os vengo a leer ni más ni menos que… los 39 puntos que me parecen INDISPENSABLES para mi novio ideal.

Y los leo. Uno a uno. Con pausa. Con ritmo. Y con todo el arte.

Cada característica genera un efecto: carcajada, suspiro, mirada cómplice, aplauso aislado. Cuando digo: «Tiene que tener una voz bonita, tipo Luis Posadas», alguien grita: «¡Eso es nivel dios!». Cuando digo: «Prefiere pizza a hamburguesa», mi primo levanta la mano con orgullo. Cuando digo: «Me gusta su pene», mi madre, sin pensarlo, suelta desde el fondo:

—¡Muy importanteee!

La carcajada es tan fuerte que tengo que parar un momento. Apoyo una mano en el atril, o en el aire —ya no sé—. Soy comedia y soy tragedia. Soy la novia del espanto y de la alegría. Me río también, a carcajada limpia.

—¿Cómo os quedáis? Muy exigente, ¿no? —pregunto al finalizar la lista.

Asienten, sonrientes, con una mezcla de ternura y admiración.

—En realidad, si os habéis fijado, solo cuatro de las treinta y nueve son físicas. El resto son cosas básicas, que hablan de personalidad, de empatía, de humanidad. De hecho, quiero pensar que yo las cumplo todas..., bueno, quizá la del pene no, pero nunca exigiría nada que yo no pudiese aportar.

Más risas. Aplausos espontáneos. Una amiga se pone de pie y aplaude con las manos en alto.

Respiro hondo. Vuelvo a ponerme seria. No triste. Presente.

—Hasta hace muy poco me consideraba fracasada en el amor. Lo había dado por perdido. Me había hecho a la idea de que quizá el amor no era para mí. Pero por suerte... me di cuenta de que estaba equivocada.

Me tiemblan los labios. Pero sigo.

—Puede que ninguno de mis novios haya cumplido esa lista. Pero TODAS LAS PERSONAS PRESENTES EN ESTA SALA sí lo hacen.

Silencio. Nadie respira. Una lágrima cae. Varias.

—Tengo personas a mi alrededor que me dan un amor incondicional. Que me hacen crecer. Que me acompañan. Que me aguantan cuando lloro y se ríen conmigo cuando bailo. Y eso, eso también, es el amor de mi vida.

Silencio. Largo. Hondo. Hermoso.

—Pero descubrí algo más. Un vacío. Un vacío festivo. Porque nadie celebra este amor. El amor de una hermana, de una tía, de una amistad de veintiún años, de una madre o padre, de un profesor.

»Se celebran las bodas. Y se celebran los funerales. Yo no quería esperar al segundo para que todos dijerais lo buena que era. Y no me iba a conformar con el primero si tenía que venir con un anillo y un novio que se rajase.

La gente asiente. Alguien murmura: «Te entiendo».

Abro un papel muy arrugado. Es un poema de Ana Vidal Egea y lo leo como quien reza a Dios:

Amor, te he visto en muchos cuerpos, detrás de muchos ojos,
reconozco el calor de la piel, a qué hueles,
la plenitud de saber que estás.
Has estado en cada alma que quise,
y ahora te multiplicas y te expandes...
y yo te respiro.

Me callo y dejo que el poema hable unos segundos por mí.

—Después de todo, solo me queda una certeza: hay que decir te quiero. Con la boca grande. Y sin temblar.

Y entonces levanto la mirada. Sonrío:

—Así que, tita Margari, por si todavía no te lo crees..., me caso. Porque no hay otra fiesta para esto. El amor verdadero. El de todos los días.

Miro a todos. Uno por uno en silencio, pausadamente. Mi voz ya tiembla, pero no se rompe. Recojo mi vestido con las manos. Me pongo de rodillas, teatralmente. Miro al frente, a todos, durante unos segundos:

—Y solo me queda preguntaros: si me aceptáis, en la riqueza y en la pobreza, en la salud y desde ahora, en la enfermedad, y hasta que la muerte nos separe…

Y entonces, como un relámpago que truena en primavera, estalla una voz coral al unísono:

—¡SÍÍÍÍÍÍ QUIEROOOOOO!

Y me rodean. Me abrazan. Me elevan. Me dan ganas de detener el tiempo justo ahí. En ese segundo donde encarno todo lo que soy: cuerpo, palabra, miedo y amor.

Pienso en todo lo que me espera: pruebas, tratamientos, agujas, palabras que aún no comprendo del todo. Dolores que aún no conozco. El cáncer ya no es una palabra ajena. Está en mí. Me habita. Y, sin embargo, no me define. Me niego.

Me he casado con la vida. Con su absurdo, su belleza y su gente.

Y lo he hecho a tiempo.

JUICIO CLÍNICO:

OSTEOSARCOMA GRADO 3 DE MAXILAR SUPERIOR DERECHO.

PLAN DE ACTUACIÓN:

Solicito preservación de fertilidad en H de la mujer -Extraigo analítica con coagulación y colocación de port-a-cath -Solicito ecocardio de control y PET. Explico efectos secundarios de QT.

La pregunta

> La muerte no se reparte como si fuera un bien.
> Nadie anda en busca de tristezas.
>
> JUAN RULFO

De todas las cuestiones a las que me he enfrentado en los últimos meses, hay una que aún me deja perpleja y que, sin embargo, aceptamos con la misma naturalidad con que esperamos que un bebé diga sus primeras palabras: «¿Cómo estás?».

En Filología me explicaron que, en casi todas las lenguas, esas primeras palabras suelen ser bilabiales, ya que al despegar los dos extremos de la boca salen esos fonemas, sin más: P-Á-P-Á, M-A-M-Á. El balbuceo no es más que el descubrimiento de los labios, un acto tan sencillo y a la vez tan grandioso que apenas reparamos en él.

Con el cáncer ocurre algo parecido. Sin saber muy bien cómo ofrecer amor o apoyo, quienes rodean al enfermo recurren al mismo gesto instintivo: mover los labios y articular, casi sin pensarlo, la primera pregunta que viene a la punta de la boca: «¿Cómo estás?».

Sin embargo, pocas veces estamos preparados para oír la respuesta, o siquiera asumimos que quizá no haya una posible. Y es que la formulación de dicha pregunta no atiende a un razonamiento lógico. Sencillamente lanzamos esa cuestión al otro como un impulso; es una acción también involuntaria, casi automática, un reflejo de la necesidad de saber y de querer.

Es despegar los labios ante algo en lo que somos novatos y de lo que empezamos a ser conscientes por primera vez. No importa la edad que se tenga: nadie está preparado para asumir una enfermedad.

¿Cómo se responde a una pregunta tan poliédrica?: «¿Cómo estás?». Estoy de muchas formas; de hecho, a veces no quiero estar. Si lo pienso de forma lógica y atendiendo a la simple y llana respuesta fisiológica, en realidad me estoy muriendo. Es el gerundio más extraño y doloroso que he utilizado en mi vida. Es más, ni siquiera me había parado a pensar que la muerte se puede verbalizar en gerundio. Pero mi muerte no deja de ser una expansión, lo que roza la paradoja.

El cáncer no es más que un cúmulo de células de tu propio cuerpo que, por algún motivo desconocido, comienzan a multiplicarse de forma descontrolada. Pierden la capacidad de frenarse a sí mismas, y esa multiplicación acaba creando masas conocidas como tumores. Cuando los tumores alcanzan órganos o sistemas, la cosa se complica.

Si lo pienso detenidamente, resulta irónico que morir signifique multiplicarse. Multiplicarse y crecer son conceptos que constantemente asociamos a la vida, a evolucionar, a mejorar, a un cambio positivo. Incluso recuerdo, de mis años escolares en un colegio católico, aquella máxima del cristianismo que decía: «Creced y multiplicaos» (Génesis 1:28).

¿Qué cojones de broma es esta, Dios? ¿Por qué no se ha contemplado la posibilidad de multiplicarse mal programada? Joder.

Así que, entre otras cosas, el cáncer te muestra que la vida y la muerte no son conceptos definidos y estructurados, sino más bien que la vida está conformada por procesos que rozan el humor negro.

Bien, hasta aquí abarcaría una de las vertientes de la pregunta «¿Cómo estás?», porque entre sus múltiples caras, esta responde claramente a la dimensión fisiológica y médica: es el proceso biológico que estoy atravesando. Sin embargo, no es ni por asomo una buena respuesta, ya que ¿dónde quedan todas las emociones que un proceso así implica? ¿Cómo puedo llegar a explicarle a alguien cómo me siento?

No existe expresión hecha que recoja toda la amalgama de sensaciones que abarca mi persona ahora mismo. Supongo que debo recurrir a una metáfora, ese extraño poder que tenemos los seres humanos para explicar un concepto. De esta forma, diría que el cáncer es estar en una habitación a oscuras.

Cuando era pequeña —y, en realidad, hasta hace relativamente poco—, irme a la cama y apagar la luz para dormir me aterraba. No respondía a ningún trauma concreto; nunca me había pasado nada a oscuras como para relacionarlo con algo malo. Era, simple y llanamente, una respuesta que no podía controlar, pero que ocurría cada vez que mi madre presionaba el interruptor y la luz se extinguía.

El miedo a la oscuridad es algo muy común y muchísimas personas lo sienten. Se conoce como nictofobia.* A lo largo de los años me he preguntado por qué podría dar miedo la oscuridad, qué nos lleva a algunos de nosotros a sentir esta angustia. Y ahora lo sé: da miedo la constante posibilidad de solo existir en el ahora.

Cuando te encuentras en una habitación a oscuras, pierdes todo sistema de referencia. No ves nada, así que todo es potencialmente posible y absolutamente presente. Lo que asusta de la oscuridad no es la sombra, lo negro o la ceguera: es perder el control de la situación.

¿Dónde está la salida?

¿Se puede salir de aquí?

¿Qué está pasando?

¿Cómo debería actuar?

En una habitación a oscuras, el sistema de referencia es tu cuerpo: aquello que puedes tocar e ir desmigajando de la nube negra en que flotas. No puedes elaborar un plan de salida, ni organizarte, ni pensar en el futuro. Tampoco puedes trazar una estrategia. Debes ir tocando los objetos mientras tu mente te alerta constantemente y activa tus sentidos para protegerte.

En una habitación a oscuras no hay respuestas, solo preguntas. Tu mente es la mayor enemiga, pero también la única realidad. Todo sonido, objeto, persona o contacto es principalmente una amenaza, y el miedo es el estado natural de supervivencia que te hace avanzar. Solo existen el ahora y la alerta.

* Preciosa combinación griega de *νύξ* (*nyx*, noche) y *φόβος* (*fobos*, miedo).

Así que, para poder estar en una habitación a oscuras, debes calmarte, decirte y repetirte constantemente que conoces ese lugar, o que puedes moverte para ir descifrando las referencias. Debes respetar tus averiguaciones corporales, confiar en tu propia capacidad de ir haciéndote con el lugar, aunque no comprendas ni puedas ver dónde estás y aunque el temor nunca te abandone.

Eso siento constantemente: estar aquí, en una habitación a oscuras. Vivir aquí, en una puta y jodida habitación a oscuras donde ni siquiera los médicos tienen respuestas que darme. Estoy enfadada, porque no tengo paciencia, y a veces me desespera tener que ir tan despacio constantemente, tocarlo todo, liderar unas emociones que me sobrepasan…, pero no tengo otra opción.

Y, sin embargo —y pese a todo—, sigue siendo una respuesta incompleta. Verdadera, sí, pero falta de matices. Porque en esa habitación a oscuras, de vez en cuando, palpo manos que me sostienen, voces que me hablan para ayudarme a encontrar referencias, abrazos que me indican que, pese a todo, es un lugar seguro. Y me río. Y tengo una doble vida: vivo dentro y fuera de esa habitación oscura.

Así que tengo dos realidades: soy una chica con cáncer, y también soy Anabel, la chica de siempre. Bailo y follo, y leo, y canto, y abrazo. También debería formar parte de la respuesta.

Yo quiero que así sea.

Si ahora quieres preguntarme cómo estoy, creo que te diría que me estoy muriendo, porque tengo cáncer y mi cáncer se multiplica cada día más. Te diría que tener cáncer se asemeja a estar en una habitación a oscuras, y te diría que dentro de esa oscuridad abunda el pánico, pero también hay espacio, para contar con personas que me quieren, para descubrirme a mí misma como alguien paciente, alguien que está avanzando constantemente y pese a todo.

Te diría que a veces consigo olvidar que tengo cáncer, y creo que todo volverá a la normalidad. Y días en que siento que no podré salir viva de aquí.

Te diría que es una pregunta de mierda, pero entiendo que la formules porque me quieres y gracias a esa pregunta sé que te importo. Solo te pido que aceptes todos los matices y respuestas que puedas recibir.

Te puedo asegurar que quiero decirte constantemente cómo estoy, pero la gran mayoría del tiempo no lo sé. Solo sé que esto es una gran putada en la que me siento confundida, perdida y abrumada.

Así que, ya que ambos somos bebés en esto que nos ocurre —yo porque lo llevo dentro, tú porque te importo—, y ya que no tenemos más que balbuceos para referirnos a lo que está sucediendo, algo llamado cáncer, pero mucho más complicado que todo eso, algo masivo, inexplicable y tan impronunciable como letal, dime: *¿Recurrimos a preguntas más sencillas?*

Vir:

¿A qué te refieres?

Yo:

Bueno, es un poco ridículo pensar ahora en el amor y todo eso, pero si te soy sincera lo pienso. A veces lo pienso.

Vir:

¿Piensas en el amor? ¿El amor de pareja?

Yo:

Me da pena no volver a sentirlo y que esto vaya mal, ¿sabes? Echo de menos que alguien me abrace...

Vir:

Yo te abrazo cuando quieras, bella, estoy aquí. Siempre voy a estar aquí para ti.

Yo:

No, si eso ya lo sé… Gracias, Vir Supongo que es miedo a morir sola, ¿tiene eso sentido? Me siento un poco ridícula, la verdad.

Vir:

Pero no estás sola, tía, te quiero y estás rodeada de gente que te quiere.

Yo:

Sí, lo sé. Me siento afortunada, pero no sé, me refiero a otra cosa. Es difícil de explicar... Quiero sentirlo una última vez. No sé, es el deseo sin la pena, o el amor sin más, o yo qué sé…

Yo:

¿Entiendes a lo que me refiero?

Vir:

¿A qué?

El novio

—Lo siento.

—¡¿Cómo no vas a sentirlo?! Me robaste quién era y quién podía haber sido. Me robaste cosas que ni tenía aún. ¡Atravesaste el tiempo, Joe Collins, atravesaste el tiempo y me robaste! Todo eso es cierto y todo eso sigue aquí.

Misa de medianoche

El cáncer siembra una bomba de tiempo sobre tu pecho. Un diminuto cronómetro invisible, intangible e imparable se abre paso entre las venas hacia tu fuero interno con un cableado extenso y enraizado de cabeza a pies.

De la noche a la mañana, te conviertes en una versión infame, pobre y femenina de Iron Man.

Cada día haces el esfuerzo de mirarte al espejo y decirte que puedes cargar con el miedo mientras contemplas aquella imagen reflejada con amor y paciencia. Ignoras cada bulto que aparece en tu boca, las formas raras en que comienzas a respirar, ese dolor extraño al succionar. Lo ignoras todo porque sabes que, si te sometes a esas evidencias corporales, si cedes ante las pruebas forenses del delito, comienza el ataque de pánico, tu peor enemigo.

Así que debes aprender a lavarte los dientes mirando el tumor repentino como quien mira el pelo que queda en el cepillo tras desenredarse el cabello: sospechando que puede anunciar calvicie, pero asumiendo que es otoño y que ahora, sencillamente, es la temporada de mudanza capilar. Te permites este pequeño teatro matutino, este rezar a las musas de la mentira, y te aplaudes por ser tan buena actriz. Has llegado a asumir tanto y has ejecutado con tanta pureza tu papel que hasta consigues creer que mañana no habrá bulto, que todo mejorará sin más, que es solo una mala racha. Así será. Así tiene que ser. Cada función se convierte en un logro sin aplausos.

Poco a poco has aprendido que la vida es un juego de caretas con el que nos posicionamos en el mundo para protagonizar un papel que nos permita sobrevivir al drama. Yo también actúo. Sí, amor, odio y muerte son los grandes temas presentes en todas las historias humanas desde el inicio de los tiempos. Mi vida se ha convertido en una mezcla difusa y sin fronteras de todos ellos.

Sin embargo, detecto la falta de un personaje vanguardista en mi trama argumental cotidiana: el novio.

En *Bodas de sangre*, la novia abandona a su esposo en plena boda para huir con Leonardo, su amante de siempre. El novio es, sin embargo, una figura fundamental y, pese a todo, no tiene nombre. Actúa llevado por su corazón; su amor es tan irracional y leal que lo conduce a la muerte sin reparos. Ante la novia, se abre como una flor a la primavera, sedienta y radiante al mismo tiempo, y acaba marchito y apaleado. Cada vez que leo esta obra, sé que Federico fue el novio: siempre el novio abandonado y nunca su oponente Leonardo.

Lorca, que vivió en una época difícil para ser maricón, concibió el amor romántico de igual manera que ese novio que escribió para los teatros: con pureza y hasta el límite de la muerte. Cuando leo sus diálogos teatrales comprendo la intensidad que esperaba de la vida, y entiendo cómo le defraudaron los hombres que lo abandonaron en la realidad. Federico, cada día, como yo, debía emprender su propia actuación matutina: una en la que ocultaba sus propios miedos, en la que miraba el peine y asumía los cabellos caídos sin más. Una en la que también sintió la falta de algunos personajes. Y, aun así, también, una en la que constantemente rendía tributo a la belleza y a la poesía de la vida cotidiana.

No hay nada más épico que vivir una vida de pan sencilla. Sí. Pero la sencillez tiene sus propias crueldades.

En una carta del 10 de abril de 1920, Lorca escribía a sus padres desde la Residencia de Estudiantes las siguientes palabras:

> A mí ya no me podéis cambiar. Yo he nacido poeta y artista como el que nace cojo, como el que nace ciego, como el que nace guapo. Dejadme las alas en su sitio, que yo os respondo que volaré bien.

Estas líneas me conmueven aún hoy. Atraviesan el tiempo y el espacio, y llegan a mis ojos con la voz de un Federico conocido, un amigo al que me encantaría poder decir:

«Te entiendo tanto. Quisiera abrazarte esas alas que te queman la espalda, y aplaudir tu vuelo precipitado porque amas y vives desde la belleza de un colibrí nervioso».

Cuando leo las obras de Lorca, entiendo cada palabra no desde la razón, sino desde el impulso más interno. Una negrura me crece en el estómago y me convierto en un pozo hondo donde resuenan sus sílabas y el eco de su hablar.

Entonces comprendo cómo la literatura salva. Porque en ella yo también soy otra: no paciente, no diagnóstico, no pronóstico, sino simplemente voz. La literatura me ofrece un techo contra la intemperie del hospital; es salvación porque me permite sobrevivir a lo que no entiendo, transformando lo incomprensible en metáfora. Es hogar porque en sus páginas encuentro más que evasión: hallo un lenguaje para mi herida.

Todo lo miro ya desde el prisma de la metáfora, y todo se une ante mis ojos en una sola entidad que alberga sentidos profundos, conectados como la raíz de un árbol con todo el bosque.

Y soy pájaro, ventana, rumor, viento y aire. Soy verdor, palabra, vela y antorcha, espacio, palabra y angustia. Soy un trozo de pan, la casualidad de un buen día, el otoño desmadejando sus árboles, la risa de mamá. Las cosas cotidianas me importan con la absoluta primordialidad de un atentado; lo sumamente primordial, en muchas ocasiones, me la bufa.

¿Cómo puedo siquiera intentar explicarle a alguien que, como el que nace cojo o artista, yo nací lectora y que leo en cada acto, cosa o persona una potencialidad emergente que me maravilla? Que veo el brote en cada semilla que se me siembra en los ojos. ¿Cómo? ¿Cómo? ¿Cómo explicarle a alguien que vivo desde la butaca y el guion, desde la importancia de la palabra y la intensidad de la actuación?

¿Cómo explico a otro ser que me importan el ritmo, la profundidad del personaje, los decorados, las figuras, los movimientos, la música, el orden, la trama, el mensaje, la repercusión...?

Soy teatral y verdadera en la medida en que soy atea y creyente de todas las religiones del mundo. Y en ese caleidoscopio vital me siento, a veces, sola. Tan sola que, como Lorca, pido por favor que no me corten las alas. Quiero volar. Y, como Lorca, me reflejo en el novio al que siempre abandona la novia por otro Leonardo.

Añoro enamorar, porque enamorarme no es difícil; sentirme correspondida, sí. Me hubiese encantado comenzar esta tragedia de la enfermedad con un buen personaje coprotagonista a mi lado. No es porque dependa de un hombre, tampoco porque esté falta de amor. No. Es porque a veces existen complicidades que solo un tipo de personaje puede encarnar.

Me reconforta mi independencia. Me abrazan mis seres queridos cada día. Me apoya la calidad de una familia y unos amigos que no conocen la palabra riesgo, y que, así llueva o truene, acuden a mi llamada como se acude a la guerra: a pecho descubierto, listos para recibir la bala.

Sin embargo, siento un pequeño hueco —como la casita de un ratón en la pared— que me encantaría poder habitar.

Quiero provocar deseo. La complicidad de una cama y de un desayuno. Un proyecto. La casa convertida en un abrazo carnal. Sentir la sombra de mi teta al trotar sobre el cuerpo extasiado. La mano de ese alguien en mi muslo. La conversación desnuda en hecho y habla. Quiero amar y ser amada. Amar hasta morir. Morir de amor, una vez más.

A veces temo profundamente que el cáncer me haya podido arrebatar la trama amorosa. Que me despoje de mi propio teatro amoril. Que nadie quiera compartir el miedo de refugiarme en la noche como amante, y que me folle asumiendo que mi cuerpo es un templo que se extingue. Tengo miedo.

¿Existe un Leonardo para mí?

¿Me ha quitado el cáncer el poder de ser amada?

¿Hay alguien capaz de asumir que tengo cáncer y que estoy pidiendo a gritos desear y ser deseada?

¿He tenido alguna vez la posibilidad de tener a alguien así a mi lado?

¿Quién me ha cortado las alas: el tumor, la circunstancia… o yo?

Desde mi libreto, aún hoy, recito un último parlamento:

«Novio, amigo, amor: llora conmigo y acurrúcame los pies fríos. Llevo años preparando versos y miedos para ti. Aparece en la función antes de que el telón se baje despiadadamente, te lo suplico».

Aquellos que amas te cambian.
Las cosas que aprendes te marcan,
y nada en el mundo acalla la voz que desde dentro te habla.

Canción de *Vaiana*

A una niña de siete años

Daniela tiene un cuerpo menudo, inocente y alargado. Apenas se levanta unos palmos del suelo y es una gran amiga.

Daniela adora jugar al fútbol, al elástico, al escondite y al ahorcado. También le gusta pintar y hacer pulseras con palabras como: *to-ma-te*, *pri-ma*, *fa-mi-lia* o *a-ma-ri-llo*.

Daniela vive en la casa de al lado, tiene siete años y es prima de Anabé. Pasan mucho tiempo juntas y a Daniela le gusta ayudarla a elegir la ropa, cepillarle el largo pelo pelirrojo y pintarle los cachetes con colorete rosa pálido.

Cuando acaban de divertirse juntas, se abrazan y Daniela siempre dice:

—Estás guapa, prima Anabé.

Pero un día, a finales de verano, la tita no dejó que Daniela visitase a Anabé. Entonces le dijo:

—Daniela, hoy no puedes ver a la prima.

—¿Por qué? —preguntó Daniela.

—Porque está malita —respondió, y aquello entristeció mucho a Daniela.

Los días pasaron y Daniela echaba de menos jugar con Anabé. Decidió llamar a la puerta de su casa. La tita la dejó entrar en su habitación, y Daniela vio a Anabé tumbada en la cama y sin pelo.

—Tita —preguntó—, ¿por qué la prima no tiene pelo?

—Porque la medicina que se toma para no estar malita hace que se le caiga el pelo, pequeña —le explicó la tita muy calmadamente.

Ese día no pudieron jugar juntas.

Daniela sabía que cuando una está malita se tose por la noche, duele mucho la garganta o hay que usar el termómetro.

Se asustó mucho al pensar que también a ella se le podría caer el pelo.

Una mañana de invierno, Daniela tuvo mucha fiebre y su mamá le dio un jarabe para que mejorase, pero Daniela se negó.

—No quiero medicina —decía muy enfadada.

—Tienes que tomarla para estar bien —le explicó su mamá pacientemente.

—¡No, no y NO! —lloraba, cruzada de brazos, Daniela.

—¿Por qué no quieres tomarla? ¿Es porque sabe mal? —quiso saber su madre.

—No quiero perder el pelo —dijo Daniela.

Esa misma tarde, Daniela recibió una llamada de teléfono de su prima Anabé, que le dijo:

—Ven a verme, por favor. Te echo de menos y quiero estar contigo.

Daniela saltaba de alegría. ¡Qué ganas de jugar juntas! Almorzó con ímpetu y las horas pasaron muy lento hasta que pudo ir a visitar a su prima.

Cuando llegó la tarde, Daniela llamó a la puerta.

RIIIIIING.

RIIIIIING.

Sonaba el timbre.

—¡Hola, pequeña! —dijo Anabé al abrir.

Daniela la abrazó muy muy fuerte.

—Te he echado de menos —le contestó.

Anabé continuaba tan distinta como la última vez que se vieron. Seguía calva como una bombilla y blanca como un copo de nieve, pero para Daniela era la persona más guapa del mundo. Se sentaron juntas en la cama para hablar como solían hacer:

—Me ha contado la tita que no quieres tomar la medicina para el resfriado porque no quieres que se te caiga el pelo. ¿Es eso verdad? —preguntó Anabé.

—Sí —dijo Daniela, mientras miraba la gran calvorota de su prima.

—¡Pero a ti no se te va a caer el pelo! —dijo Anabé mientras reía—. ¿Sabes por qué?

—¿Por qué? —quiso saber Daniela.

—Porque mi medicina es diferente. No es para los resfriados, sino para otra enfermedad, y cuando me la ponen tengo que estar en el hospital. Es un líquido de colores muy fuertes —seguía contando Anabé—: a veces rojo, a veces amarillo neón, y me lo pinchan en un pequeño botón que tengo en el pecho. ¿Quieres tocarlo? —Señaló una pequeña cicatriz cerca de la clavícula.

—Sí —dijo Daniela—. ¿Es porque toses mucho? —preguntó extrañada.

—No, es porque tengo cáncer —aclaró su prima.

—¿Qué significa cáncer? —Daniela nunca había oído esa palabra en sus siete años de vida.

—Es una enfermedad. Significa que tengo un bulto. Mira,

puedes tocarlo. —Daniela puso su manita encima de la hinchazón que su prima tenía en la mejilla—. Tengo que ir al hospital para que me pinchen la medicina que quita este bultito —terminó de explicar.

—¿Te duele mucho? —preguntó Daniela.

—Un poco, sí. Esta medicina hace que se me caiga el pelo y a veces estoy muy pero que muy cansada. Así que no podremos jugar al escondite o al pilla-pilla como antes, pero puedes visitarme siempre que quieras y podemos dibujar o ver películas juntas —explicó Anabé.

—Vale —dijo Daniela. Le gustaba volver a estar junto a su prima y sabía que ahora las cosas podrían cambiar un poco. Se abrazaron muy fuerte.

Entonces Anabé se levantó de la cama y le pidió a Daniela que cerrara los ojos.

—¡Abre los ojos! —gritó.

Llevaba en la mano una peluca de pelo rizado y pelirrojo, muy muy larga. Parecía su melena de siempre.

—¿Qué es eso? —preguntó Daniela, muy intrigada.

—Mi nuevo pelo —le dijo Anabé—. Ahora puedo quitármelo y ponérmelo cuando yo quiera, como hacemos con las muñecas.

—¡Qué guay! —gritó Daniela, llena de diversión.

Así pasó la tarde, y aunque al principio Daniela estaba triste por Anabé, pronto empezó a gustarle la peluca. Jugaron durante horas a intercambiarse el pelo. Saltaron para ver si la peluca resistía en su lugar o se movía. Después probaron todo tipo de pañuelos y también pintaron con acuarelas para finalizar la tarde de juegos.

Cuando volvió a casa por la noche, su abuela le preguntó:

—¿Te ha contado la prima qué le ocurre?

—Sí, solo le pasa que tiene cáncer —explicó Daniela, muy orgullosa.

Desde ese día, Daniela no les tuvo nunca más miedo a las medicinas.

Sabe qué significa la palabra *cáncer*, le gusta acariciar la calva de su prima porque es suave como un melocotón, y los días que Anabé está cansada y no pueden jugar al pilla-pilla, cantan canciones de karaoke o ven una película de dibujos en la cama, juntas, mientras se dan la mano.

ANAMNESIS:

Ya superado cuadro de mucositis y muguet tras último ciclo. Sin odinofagia ni problemas oculares o auditivos. No fiebre. Conocedora del diagnóstico y el pronóstico relacionado con su enfermedad. **Prioriza calidad a cantidad de vida.**

La quinta planta

*Lasciate ogni speranza, voi ch'entrate.**

DANTE ALIGHIERI

Es extraña la geografía emocional, como un pequeño mapa laberíntico que se va conformando a base de espacios eternos, por los que se puede caminar ávidamente apenas se cierran los ojos.

Recuerdo sitios que ya no existen y sitios a los que ya no volveré, aunque desearía poder recorrerlos de nuevo: la casa de mi abuela, el campo de mi familia o mi primer hogar componen los restos arqueológicos de mi memoria más infantil y feliz. Sé exactamente cuántos cuadros hay colgados, de qué color es cada puerta, qué temperatura hace y cómo suena la llave al entrar en la cerradura. Cada escalón, cada ventana, son sedimentos petrificados que construyen las finas capas de mi niñez. Me deslizo por ellos con parsimonia y melancolía.

* Los que entráis, abandonad toda esperanza.

Sitios que ya no existen más que en mí, que estoy compuesta de lugares incorpóreos visitados solo por fantasmas del recuerdo.

Y existen también rincones que desearía no haber conocido nunca y por los que, irónicamente, camino a menudo: lugares como la quinta planta.

La quinta planta es siempre un espacio de tránsito. Nadie permanece allí. La risa sincera y el llanto más profundo son la banda sonora constante de este lugar. Es el espacio definitivo en la vida de una persona diagnosticada con cáncer: un purgatorio.

Una vez que has llegado, solo hay dos salidas posibles: el alta —y, por tanto, la curación— o la baja —y, por tanto, la muerte—. No hay medias tintas. Todo el que entra en la quinta planta sabe que su destino está sellado y lucha por encontrarse entre los primeros. No todos lo consiguen, y tristemente no se trata de una decisión que se tome con justicia: la vida juega el azar de sus cartas de forma cruel y caótica.

El ala de oncología se encuentra en el lado izquierdo de la quinta planta del Hospital General Virgen del Rocío, y es algo pequeña: apenas tendrá unas treinta habitaciones dobles. Se compone de un pasillo recto con estancias a ambos lados. Cada dos o tres habitaciones, las puertas se salpican de impostados colores llamativos y saturados —amarillo, lila, verde, azul— en un vano intento de insuflar alegría en medio de la tenebrosidad del lugar, en que solo algunos morirán, pero todos van a sufrir.

El contraste es singular y poderosamente impactante. Parece un circo, y quizá lo sea.

Solo una única ventana, al final del pasillo, deja penetrar la luz natural. Está cerrada, como todas las del ala, a cal y canto, para mantener la temperatura o prevenir los suicidios…, quién sabe. Las ventanas selladas no nos impiden nada. Una persona desesperada por un diagnóstico fatal es un animal impredecible. Todos los de la quinta planta conocemos los recónditos espacios del hospital a la perfección y hemos pensado en un plan B para no sufrir si algo saliese mal. Pero aún albergamos un resquicio de esperanza, así que una ventana cerrada solo nos ahoga.

Pese a todo, la ventana cerrada al final del pasillo contribuye a la imagen definitiva: un lugar asfixiante, claustrofóbico, con aroma a medicamento, por el que pululan pacientes calvos que andan despacio, vestidos con pijamas a rayas y pegados a una barra con ruedines de la que pende un gotero.

Fuera de contexto, sería fácil pensar que te encuentras en un campo de concentración. Por suerte, aquí vienes a sanar…, o eso te prometes a ti misma.

Sorprende ver que la mayoría de los cuerpos humanos que se desplazan en línea recta por allí son realmente jóvenes. Apenas llegan a los treinta años. Y yo soy una de ellos.

Justo en el centro del pasillo está situado el puesto de enfermería. Desde allí, las enfermeras —con batas blancas y mascarillas— distribuyen la medicación, las quimioterapias y los consuelos a quienes más los necesitan. Como si de un hormiguero se tratase, se desplazan al ritmo de las llamadas por el intercomunicador, a veces se comunican por señas entre ellas y trazan caminos zigzagueantes sin chocar jamás. Son las únicas guardianas que aún velan por nosotros en aquel sitio inhóspito.

De vez en cuando, la medicación va acompañada de una caricia torpe, una sonrisa en mitad de la noche o un poco de charla alegre. Pocas veces su trabajo se ve retribuido siquiera con un «gracias». En una sociedad como la nuestra, que da los cuidados por sentados y no los premia, sino que los exige a voz en grito, que aún queden enfermeras con el don del cariño debería hacernos mantener la esperanza en la calidez humana.

Aún hoy me pregunto por qué las iglesias permiten dar misa a ciertos curas —hombres que emulan la estupidez arcaica o incluso la vejación— y no a las enfermeras, que verdaderamente han tratado de primera mano con las injusticias que permite Dios. Ellas sí sabrían dar un buen sermón. Ellas sí predican con el ejemplo: enfrentan el dolor con el cuidado de sus manos, y no con un mero rezar aprendido.

Físicamente, podría decirse que la quinta planta es toda una estructura arquitectónica mal aprovechada. Pero, de hecho, es mucho más.

Describirla sería aceptar que las emociones componen la realidad como única perspectiva viable de reconocimiento. Mi representación está lejos de ser objetiva.

Te diría que ingreso aquí dos semanas al mes. Así que la quinta planta es mi casa. Un hogar-cueva cuyas paredes son tan protectoras como asfixiantes. Cuando internas y pasan las horas, parece que los muros se encogen hasta abrazarte los pies. Duermes en una cama que relincha y sientes el peso de toda su estructura sobre tus sueños y tu futuro.

Cuando estás en la quinta planta, eres la quinta planta. Toda tu persona pasa a pertenecerle, y te engulle como a un mísero mosquito. Ya no te llamas Isabel o Carmelo, ni te apellidas Fernández o Gómez, ni tienes voz, ni personalidad, ni autonomía..., lo entregas todo al cruzar la puerta principal. Ese es su reclamo.

La quinta planta te acoge para medicarte a cambio de tu pelo, tu intimidad, tu vitalidad. He visto personas que han entregado piernas, brazos, pechos e incluso la vida para poder permanecer allí resistiendo, porque la quinta planta siempre tiene hambre y, a veces, el precio a pagar por una cama es demasiado caro.

Hasta la fecha, mis muchas incursiones aquí solo me han permitido reconocer una forma de resistencia: construir amigos. Pero no siempre es fácil aprender a amar a quienes no tienen futuro. Significa renunciar de base a la posibilidad de salir viva del infierno. Cuando amas en la quinta planta, sabes que amas en la herida. Y ese amor es tan poderoso y resistente como frágil, porque pende de un hilo y, en la mayoría de los casos, se desvanece sin más.

Es un amor cuya belleza reside en el instante, en la paciencia y en la compañía. Sobre todo, en la compañía.

La quinta planta tiene nombres: Isidoro o Marina, por ejemplo. Amigos de casi mi edad que entraron conmigo y a los que conocí andando por el pasillo, en un intento de no enloquecer conforme pasaban los días. Ese maldito y frío pasillo, demasiado corto, demasiado oscuro, demasiado ahogado.

Un pasillo donde nació el trío del sarcoma, uniformados en nuestra calvicie y en nuestra hinchazón, con un gotero por espada y un pijama por bandera.

Pasamos juntos las quimioterapias más duras y también las fiestas más familiares: Navidad, Reyes Magos, Año Nuevo... abrazándonos en la simple tarea de sobrevivir un día más. Establecimos el pacto nunca hablado de visitarnos cada día en una habitación distinta y alegrarnos los momentos de debilidad.

Teníamos que salir de allí, y teníamos que hacerlo juntos. Esa era nuestra mofa anárquica para con la enfermedad: salir de allí más fuertes, más sabios.

Ambos, por suerte, están fuera. Yo, sin embargo, sigo aquí. Marina ha superado el cáncer por segunda vez. Me contaba hace unos días que aún no sabe cómo asimilarlo. ¿Se puede vivir libre de miedo después de semejante hecho?

Isidoro está aprendiendo a andar de nuevo. El cáncer le ha arrebatado una pierna y ahora una parte de él muere y otra vive. Nadie nos enseña que la muerte puede ser a cachos, en porciones, por porcentajes. Todo se vuelve más complicado porque vives siendo un pequeño funeral. Y vives reconstruyendo un nuevo yo que ha sido, en parte, mermado. ¿Qué somos en esencia si, aun despedazándonos, seguimos siendo?

Por supuesto, no hay respuestas. La quinta planta no es un lugar de respuestas. En la resistencia tampoco las hay. Te agarras a los hechos sin preguntarte cómo has llegado ahí.

La quinta planta no solo tiene nombres, también alberga fantasmas. Como el de Mónica, mi amiga amada. La última vez que la vi con vida, hace dos semanas, la miré a los ojos y le apreté la mano. Nos prometimos estar bien, nos dijimos cuánto nos importábamos y nos despedimos alegremente, pensando que volveríamos a encontrarnos para charlar en el pasillo apenas unos días más tarde.

Pero la quinta planta se la comió, la devoró y se deshizo de sus ojos azules de forma cruel.

Ahora tengo miedo.

Mucho miedo.

Siento miedo cada que vez que estoy aquí. Miedo a escuchar, en la densidad de la noche, su caminar patoso entre las puertas.

O a mirar en el espejo del baño y sentir que me observa, reclamando otra oportunidad, la que ella no tuvo. Y lloro, y me escamo, y me derrumbo. Porque la quinta planta es mi casa, pero es una casa maldita. Y aún estoy descifrando quién soy en esta mala película de horror:

¿El personaje secundario que muere rápido?

¿La rubia tonta que sobrevive solo hasta el instante final en que muere?

¿La prota que se salva contra todo pronóstico?

En la quinta planta se vive así: como si un francotirador te apuntase constantemente y sin consuelo posible alguno.

Bienvenido al hogar.

LOS AUTÉNTICOS

Grupo · 12 miembros

Tita M:

¿Cómo habéis pasado la noche?

V:

¿Habéis podido dormir algo?

¿Cómo va la quimio, cariño?

Yo:

Estoy amarilla como un Simpson jaja, todavía la tengo puesta y queda tela. Es desesperante, la verdad.

Algo he dormido, pero me tenía que levantar cada 5 min a hacer pipí xke la acompañan de mucho suero.

Yo:

Lo peor es el dolor de huesos y estar tan cansada.

Mamá:

Bueno, un día más es un día menos!!

Aquí estamos, mi niña se va a poner buena…

Yo en mi querido sillón más tiesa que la mojama.

Aún no ha pasado el médico, estamos esperando.

MM:

¡Claro! Esta tarde me pasaré a veros así charlamos un poquito.

Tito P:

Venga, estamos muy orgullosos de ti queda menos para estar buena.

Tita R:

Buenos días, nena, tú puedes.

J:

Daniela te envía muchos besitos!!!

Papá:

Esta noche nos vemos. Queda poco. Solo un poquito más.

Mer:

¡Ya estás más cerquita de estar en casa!

Tito J:

<3

**ha enviado una foto.*

Ya mismo otra vez así.

Yo:

Os quiero mucho.

A:

Y nosotros a ti <3

¡Una menos!

Escamondar

> Todos sueñan lo que son, aunque no lo entiendan.
>
> EUSEBIO CALONGE

Suele levantarse temprano, a las 7.00, sin hacer ruido, esquivando los portasueros y guiándose apenas con la luz del móvil para no despertar a los otros ocupantes de la habitación. Lleva en la mano el neceser, una toalla pequeña y gastada con el emblema de la Junta de Andalucía, y un par de chanclas para evitar posibles hongos en la ducha. Sus tobillos están tan inflados que apenas se diferencian ya del resto de la pantorrilla.

Necesita unos minutos de agua caliente antes de ponerse el chándal y el calzado, que ya es su uniforme habitual. Lleva una semana despertándose sobre el mismo butacón rígido, azul eléctrico, cuyo reposapiés chirría cada vez que se mueve siquiera un poco.

Todo lo que este día tiene que ofrecerle a Mercedes es, si acaso, un café caliente en la cafetería del hospital y la posibilidad de una buena noticia cuando pase el médico a hacer la ronda de control de cada mañana. El corazón sigue desplazado: desde hace meses habita en su garganta y palpita fuerte al ritmo del miedo continuo que no la deja respirar.

Su vida se ha convertido en un bucle de renuncias, y pese a todo, aún se levanta, aún cuida, aún mantiene la esperanza de que su hija —que duerme en la cama 514-2— pueda curarse del cáncer que le deforma medio maxilar.

—Nena, voy a por un café antes de que venga tu desayuno —susurra al oído de su criatura al volver del baño.

Es el único momento del día que pasarán separadas, apenas unos quince minutos. El resto del tiempo —como si, a sus cincuenta y tres años, pudiera aún devolver a su hija al útero, a sus entrañas, al centro mismo de su ser— permanecen juntas, unidas y pegadas como una sola cosa, ya que el cuerpo débil, nuevo, alopécico y demandante de Anabé la necesita con una urgencia desgarradora.

—Vale, mami —responde su hija macilenta desde la cama.

Unas horas antes, concretamente a las cinco de la mañana, justo a veintiséis kilómetros de la capital sevillana, Juan Manuel se despierta sobre una cama con demasiados huecos. Incapaz de soportar el lado izquierdo vacío, lo ha llenado de almohadones de principio a fin. En un vano intento de calidez, abraza el cojín esperando que el tacto le recuerde al torso de su mujer, pero es una empresa fallida.

Así que se despierta con el cuerpo sostenido por la inercia y la esperanza de los días que siguen sucediéndose imperceptiblemente, a fuerza de golpearlos con una dolorosa costumbre. Aún es de noche cuando se está haciendo el desayuno: un café descafeinado de sobre, una tostada con jamón de york, mantequilla derretida y unas cuantas lágrimas de desahogo.

El miedo es su compañero más leal en los últimos días.

Después de vestirse con el mono de trabajo azul cobalto, coge el termo con la comida preparada por su cuñada y un plátano de postre. Estará conduciendo un camión hasta las siete de la tarde, haciendo rutas infinitas hacia ninguna parte y ganando el dinero sobre el que se sostiene su familia, ahora separada.

Justo antes de salir, ha dejado preparado sobre el sofá —como si de una promesa de regreso o un recordatorio se tratase— un polo de manga corta amarillo claro y unos vaqueros de tela gruesa. No importa lo cansado que acabe de tantas horas de conducción, en cuanto vuelva tomará una ducha, se pondrá esa ropa que ahora luce expuesta en el salón, su mejor colonia, inventará una sonrisa y un rostro de despreocupación, e irá a ver a su mujer y a su hija al hospital, como cada día.

Apenas unos momentos juntos para el abrazo, para ser una familia ordinaria y sin pesadumbre, antes de volver al hogar desalojado por la urgencia de la enfermedad.

Alguien llama con los nudillos a la puerta 514 a las 20.00. Es Juan Manuel. Huele a perfume y aún tiene el pelo húmedo.

—Hola, nene —saluda Mercedes, que acaba de levantarse para besarle brevemente, apenas un pico.

Ambos cierran los ojos en ese instante, el único verdaderamente suyo en mitad de aquel infierno. Después, Juan Manuel se desplaza hacia la cama de su hija. Tiene cuidado de no engancharse con todos los cables que tiene conectados en mitad del pecho, y le da un beso en la calva. Siempre lo hace así. Sentir sus labios sobre la piel de su cabeza hace que no tener pelo cobre una dimensión menos hiriente, más dulce.

Sobre la ventana cae la noche y un ruido de sirenas de ambulancia impregna el ambiente de la habitación. Es la banda sonora habitual de aquellos días.

Juan Manuel se sienta en la silla rígida del acompañante y comienza a tocarle los pies hinchados a Anabé, los masajea con sus manos cálidas y gruesas mientras observa a las dos mujeres que más ama. Mercedes se coloca en una esquina de la cama, Anabé eleva la misma con un botón hasta que los mira a ambos a los ojos. Crean un círculo íntimo donde se reconocen y acompañan.

En ese pequeño lado de la habitación llegan a parecer una grotesca imagen de la Sagrada Familia que aún espera un milagro, un mensaje, la llegada de algún dios que los auspicie.

En ese círculo de miradas que los tres componen, hablan de cómo se sienten y de las noticias médicas. Al parecer, Anabé está asimilando bien la quimio, pero quizá necesite una transfusión de sangre. Mercedes les relata muy ávidamente las novedades del pasillo. Es amiga de todos los pacientes de la planta, también de las enfermeras. Sus muchos días de acompañante le han proporcionado una ruta de escape a través de conciliar una relación con el resto de los pacientes: mujeres de su edad, chavales de la de Anabé, personas mayores de toda índole.

Juan Manuel apenas habla. Es un hombre reservado, pero las escucha a ambas con atención. A veces, incluso, estallan en carcajadas inocentes juntos por alguna noticia compartida, una anécdota intrascendente. Aún queda hueco para la alegría, quizá también para la esperanza.

Todo el esfuerzo diario merece la pena por aquellos instantes familiares en que la vida da una pequeña tregua, y la reunión les permite recordar quiénes son y adónde pertenecen. Es un anclaje necesario para poder continuar.

Rozando las 22.00, Juan Manuel se despide. Las puertas de la planta pronto estarán cerradas y siempre espera al último momento para irse. No quiere marcharse. Pero el dinero es tan necesario como todo lo demás. Así que comienza el ritual: un abrazo para Anabé, un fuerte beso para Mercedes, que lo acompaña hasta el pasillo.

Ambos hablan a solas un par de minutos. Desde la habitación es imposible que Anabé oiga qué se dicen, pero intuye que se transmiten fuerza mutua. Quizá comparten alguna que otra lágrima, puede que se desesperen en compañía. Ella no lo sabe. No lo sabrá nunca. Aquellas charlas forman parte de la intimidad de un matrimonio que quiere proteger a su hija de la pena y la devastación.

Cuando Mercedes regresa a la habitación, lo hace exhausta, con una sonrisa que no le alcanza los ojos. Sus pies siguen hinchados, su pelo está enmarañado y enseña ya un par de centímetros de raíz canosa. El disfraz de la entereza tiene sus propios signos de quiebre.

—¿Una duchita? —pregunta a su hija.

—Claro —responde ella.

Anabé se levanta de la cama lentamente. Las articulaciones le arden, tiene la piel amarilla y los tobillos le han desaparecido. Agarra el palo con la medicación y tiene mucho cuidado de no enredarse entre tanto cable. Mercedes le toma la mano libre y la acompaña al baño.

Allí, en el baño, la desviste con cuidado. Aparca el portasueros a un lado mientras le lava con esmero la cabeza alopécica, los pechos demacrados, las piernas inflamadas. Después la seca a pequeños toques.

Anabé recuerda entonces las clases de religión que tanto la aburrían de niña, donde contaban una y otra vez aquella escena en la que Jesús limpiaba los pies a sus discípulos. Era un mensaje de abolición de las jerarquías y reconocimiento de la igualdad: un dios que acicala a sus seguidores.

El gesto de su madre también es el gesto de una diosa, pero no como aquel. Mercedes no limpia a su discípula, sino a su cría, su cachorra. Pone toda su atención en cada recoveco de su cuerpo, lo escamonda en un acto de amor totalizador. Busca la unión de ambas, el consuelo de tocar la piel herida de su hija, de sacarle lustre y vida a cada tramo de células que roza. Abraza su cuerpo temiendo que se desvanezca allí por donde pasa el líquido amarillo que lo quema venas adentro. La maldita quimioterapia que tanto la consume.

Mercedes escamonda a su hija en busca de una comunión compartida, de un cuidado enmendador. Es un rito ancestral que inició años atrás, cuando era bebé y la arrancó de sus propias entrañas. Un rito que sigue repitiendo ahora de forma instintiva y animal. Un gesto que requiere mimo y sabiduría.

Ya limpia y vestida con el camisón a rayas verdes del hospital, Anabé vuelve a la cama. Mercedes regresa a su sillón azul. Son dos tronos crueles que la vida les ha otorgado regir por algún tiempo.

Suena un *beep* y las pantallas de sus móviles se iluminan. Es Juan Manuel:

Ya he llegado a casa. Espero que descanséis. Os quiero mucho.

La luz de la habitación se apaga sobre las 23.00. Acaba de pasar el carrito con una auxiliar que ofrece una infusión caliente. Ambas la rechazan.

Anabé se recuesta sobre el lado izquierdo, el único que le permite respirar sin que le oprima el tumor. Mercedes coloca su sillón junto a su cama y se estira como puede en semejante potro de tortura. Apenas dormirá un par de horas, producto del cansancio acumulado.

Se dan la mano y permanecen así, con los ojos cerrados y enlazadas durante toda la noche. Son una sola persona al dormir.

—Buenas noches, mamá —dice la chica calva.

—Buenas noches, bonita mía —responde siempre su madre.

A veintiséis kilómetros de allí, Juan Manuel, de nuevo, coloca los almohadones en su lado vacío de la cama.

Esta noche tampoco dormirá junto a su hija ni su mujer.

VISITA Y ACOMPAÑAMIENTO

- La visita responsable puede ser de gran ayuda en la recuperación del paciente, pero recuerda que acompañas a personas en un hospital.
- Realiza una correcta higiene de manos, utiliza mascarilla en los lugares indicados y evita circular por el hospital.
- Modula el ruido bajando el volumen de tus dispositivos y hablando en voz baja.
- Está prohibido fumar en el recinto hospitalario, incluso en los espacios al aire libre.
- Para proteger de la intimidad no se permite la toma de imágenes, salvo expreso consentimiento.
- No introduzcas comida, bebida, globos y regalos de gran volumen en la habitación.
- No ocupes más de un enchufe para dispositivos personales.
- Mantén bajo control tus pertenencias, no dejes objetos de valor.
- Recuerda respetar los aislamientos y estos consejos básicos para la prevención de infecciones por bacterias multirresistentes.

ACOMPAÑAMIENTO

Todo paciente puede tener un acompañante 24 horas al día, salvo en casos especiales.

VISITA

En general puede recibir visitas de una o dos personas en horario de 16.00 a 20.00 horas de lunes a viernes, y de 12.00 a 20.00 horas los sábados, domingos y festivos.

La tita

Mmm… ¿Qué hora es? ¡Ah! Las cuatro. Pfff… ¿Intento dormirme de nuevo? No. ¿Para qué? Si ya sé que no me voy a dormir más y ahora voy a dar vueltas en la cama con todas las cosas que tengo que hacer. ¡Aaay, mi nenita! ¿Estará despierta? Aiiish…, miedo me da cómo está pasando ella las noches. Si yo no puedo dormir, ella menos. Ella sí que no puede dormir, con la hija así, por Dios. ¿En qué momento ha pasado esto? ¿En qué momento? Esta vida es muy injusta y muy maldita. ¿No habrá gente mala en el mundo que nos tiene que tocar a todos nosotros? ¿Cuándo nos va a dar Dios un descansito? ¿Cuándo? Esta familia necesita un respiro.

Bueno, voy a levantarme. Me apetece tomarme una leche calentita, venga. Si total, ¿en la cama para qué? Si es que no me voy a dormir más. Además, tengo muchas cosas que hacer, porque Juanma, trabajando y yendo al hospital, no va a tener tiempo de lavar la ropa. ¿Quién le lava la ropa a mi hermana entonces? Voy a ir a su casa y me traigo la ropa, sí, por lo menos que tenga ropa limpia. Que en el butacón aquel, a saber cómo está durmiendo. Pero qué durmiendo, ¡cómo va a dormir una madre con la hija así! No está durmiendo, seguro. Pero por lo menos que tenga la ropa limpia, un chándal mínimo que ponerse. Que, aunque esté en el hospital, esté decente. Que no parezca una mala liendre. Venga, me voy a levantar.

¿Qué hora es? Ah, las cuatro y cuarto. Uy, pero ahora no voy a poner una lavadora, que despierto a todo quisqui. No está bien eso. Tampoco se trata de molestar. ¿A qué hora empieza el horario de visita? Le voy a escribir un wasap, a ver si la niña se encuentra mejor, y vamos a verlas un rato. Así se despejan, que las pobres están saturadas. Mira, en realidad puedo hacer un potajito o un arrocito y le llevo un poco a mi hermana, y también a Juanma, para que se lo lleve al camión. Así comen algo, que seguro que están comiendo fatal. ¡Vaya tela! Uno en el camión todo el día y la otra en el hospital. ¡Vaya tela! Sí, un potajito les vendrá bien. Un táper para cada uno. Es importante tener el estómago lleno en los momentos malos.

La niña... es que no va a querer nada. Siempre tiene fatiga. Ella querrá un libro, un libro, sí. Pero comida, ¿para qué? Si ella ni ganas tendrá. Porque tragar puede tragar poco. Madrecita de mi vida..., que todo salga bien, por favor. Ella va a poder, claro que sí. ¿Cómo no va a poder una niña tan joven? ¡Tiene que poder! Si tiene toda la vida por delante. Esto solo es una mala racha, una de tantas que al final hemos superado en la familia. Una vez le toca a una, y otra a otro, pero debemos tener que poder. ¡Vamos! Qué miedo, por Dios.

¡Ay! Ya son y media. Venga, me voy a levantar y a hacer el potajito. A Manolito le gusta el arroz amarillo, así que eso voy a hacer. Y vamos a ir a ver a la niña y a la madre, al menos que charlen un rato. Y ahora, cuando sea una hora más decente, pongo las lavadoras.

Y le llevo también ropa limpia. Debería preguntarle si tiene todo lo que necesita en el hospital. ¿Qué va a tener? Si lo que necesita es salir de allí, no estar dentro. Pero bueno..., en el futuro nos vamos a reír de esto todos juntos. No queda otra, no queda otra. ¡Con lo joven que es! ¿Cómo le va a pasar esto a mi sobrina? ¡No habrá gente mala en el mundo! Ya, bueno, pero ya sabemos que no le pasan las cosas malas a la gente mala. Eso ya se sabe. Si no, todo sería muy fácil. Me da mucha pena, esa es la verdad. Hombre, no se lo puedo decir, porque ¿cómo se lo voy a decir? No la puedo desanimar, no. A ella le tengo que poner buena cara. Pero pobrecita... Si la veo ahí, calvita perdida, sin un mísero pelo, con esa cara tan blanca ¡que parece un fantasma! Pobrecita. Es que solo quiero llorar. Coño, ¡si la hemos criado! ¡La hemos criado! ¿Cómo no voy a querer llorar? Si es que parece que fue ayer cuando tenía la cabeza llena de caracoles tiesos y era una niña repipi que no se callaba en todo el santo día, con el «tita-tita-tita» en la boca. «Tita, esto, tita, aquello...». Y ahora mírala allí, tiesa, vomitando, y a saber qué más le pasará. ¿Por qué? ¿Por qué? ¡Qué vida más injusta! Es que no tiene mano de Dios que ocurran estas cosas.

¡Uy! Ya son las cinco. Qué lento pasa el tiempo..., o qué rápido, porque al final no me he levantado. Venga, me voy a levantar. Porque alguien tiene que hacer estas cosas. Para eso está la familia. Menos mal que está la familia. Pobres las criaturitas que no tengan familia. Venga, voy a desayunar una leche calentita, voy a vestirme y voy a hacer arrocito para todos: para casa, para mi hermana, para el Manolito y para la niña. No creo que quiera la niña. Seguro que vomita. Mejor otra cosa. Bueno, que me voy de lo que estaba pensando, ¡ah! Después, lavadoras. Y voy a coger también una bolsa, y cuando vayamos al hospital, que me eche todo lo sucio y así le voy llevando cosas. Que lo necesitará, sí. Porque vamos a ir a verlas un ratito, no cabe otra. Que se distraiga un poco, porque vamos, yo no sé cómo allí no se vuelven locas. Es para estarlo, entre tanto enfermo, tantos días… Ojú, qué calvario. Pero no puedo llorar. Ninguno podemos llorar. Ya llora la madre. Y seguro que llorará también la hija. A ellas hay que ponerles buena cara, porque entonces… ¿qué les queda? ¿Qué les queda? Nada. Hay que inventarse un poco de alegría. ¡Que se despejen! ¡Que se despejen! Si es que pueden, claro. Bueno, y si no, un achuchoncito, seguro que lo agradecen. Así se le pasa a una más rápido el día, ¿no? Se les tiene que caer las horas encima, vamos. ¡Todo el día allí metidas! Y además con la dichosa mascarilla. Que sí, que claro que lo entiendo. Que la mascarilla es necesaria, ¿cómo no va a ser necesaria? Si mi pobre niña no tendrá defensa ninguna, coño. Pero que es molesta, es molesta, la verdad. Y todo el día sin verle la cara a nadie… Hombre, agradable no es. Al menos una cara humana que te alegre el día, una pequeña sonrisa, ¿no? Pues nada. También es que a la pobre le ha tocado un cáncer en el mejor momento, vamos. Justo después de una pandemia. Anda que… Si es que Dios no nos deja descansar. Pero bueno, nos va a sacar de esta, seguro. Porque así tiene que ser. En más situaciones malas nos hemos visto y siempre hemos salido a flote, siempre. ¿Y si no? ¡Ay, por Dios! ¿Y si no? ¡Qué miedo! ¡QUÉ MIEDO! ¡¡ESO NO SE PUEDE NI PENSAR!! ¿Cómo se va a pensar? Por favor, es que no se puede ni pensar. ¿Cómo no va a ponerse buena mi niña? ¿Cómo le va a quitar Dios la hija a mi hermana? ¡QUE NO! ¡QUE NO! ¡ES QUE NO LO PUEDO PENSAR! Si lo pienso, me pongo a temblar. ¿Lo pensará ella? ¡Claro que lo pensará ella! Pero hay que ahogar ese pensamiento. Porque es que vamos a acabar todas locas. Todas locas. Y lo único que podemos hacer es seguir adelante. La Anabé es fuerte. Ella es más fuerte que todos nosotros. Qué joía, desde chiquitita, siempre ha sido muy cabezona. Y la verdad es que yo no podría llevarlo así. Es que nunca le veo una mala contestación, ni una mala cara. ¡Pobrecita! ¡Pobrecita!¡Con cuánta dignidad lo lleva! Si alguien puede salir del cáncer, es ella. Y vamos que sí va a salir. ¡Vamos! No puede ser de otra forma.

¡Uy! Las seis y media. Ahora sí, ahora sí que me levanto. Porque tengo muchas cosas que hacer. Que esta familia no se mantiene en pie sola. Alguien la tendrá que mantener, digo yo. Venga, que hay que lavar la ropa sucia, cocinar el potajito y visitar a la niña. Y no tengo toda la mañana. ¡Arreando de la cama, que el tiempo cunda!¡Qué ganas tengo de verla! Mira que está calva y tiene mala cara... Pues sigue siendo guapa, la jodía. Y no veas si se ríe y le da al palique. ¡Qué ganas tengo de verla! ¡A las dos! A ella y a mi nenita, que la pobre estará mala de los nervios. Ahora mismito les voy a mandar un wasap para ver qué necesitan. Si total, no estarán dormidas. ¡QUÉ VAN A ESTAR DORMIDAS! Si ya en esta familia no duerme nadie.

EVOLUCIÓN:

Tac 1- 10 Ha experimentado un crecimiento en el intervalo entre estudios, con un tamaño aproximado actual de 40 x 44 x 45 mm (CCxAPxT). Expande el seno maxilar derecho e invade la porción basal de las celdillas etmoidales posteriores, la totalidad de la fosa nasal derecha y el espacio graso retromaxilar, condicionando un abombamiento y erosión ósea del paladar duro, tabique óseo nasal y suelo de la órbita, originando este último una ligera asimetría en la posición del globo ocular derecho.

Aprovechar el día

> El ingenio no consiste en decir cosas nuevas, maravillosas y nunca oídas, sino en eternizar, en formular las verdades más sabidas.
>
> Mariano José de Larra

Desde los seis hasta los dieciséis años me crie en un colegio de monjas. Todo mi imaginario cultural está estrechamente ligado al cristianismo católico y, por ende, mi forma de comprender el mundo también.

Llegó a tanto el empeño de mis maestras que, a mis siete años, mi máxima aspiración en la vida era ser una hermana con hábito. Sin embargo, no pasó demasiado tiempo hasta que me empeñé en vivir por oposición. Desde entonces he estado desentrañando y desmintiendo aquella mitología extraña con que otros han conformado mi propio cosmos.

Crecer es desmitificar la vida, peldaño a peldaño, y duele tanto como empodera. Confieso que encuentro algo de placer fetichista en la rebeldía de mirar cara a cara al señor barbudo de la cruz.

Me gusta imaginarme como una Jesús Quintero en *Ratones Coloraos*, entrevistando al tal Cristo. Nos sentamos en una mesa, micrófono mediante, y comienzo preguntándole su versión de la historia.

Yo me imagino la voz de Cristo apagadilla, como de señor tímido que está allí porque le toca, pero que en realidad desearía salir corriendo en cualquier momento. Ese típico hombre que, en la charcutería, no pide la vez a los que esperan la cola, sino que se pone detrás de alguien, sin más.

Es verdad que la Biblia lo presenta como un gran orador capaz de convencer a las masas, pero seamos sinceros: ese chiquillo no eligió la profesión. Cargó con la empresa familiar sin ninguna otra opción, así que la vivacidad en su discurso no es algo que dé por sentado en él.

Como decía, Jesús, para mí, tiene una voz agrietada, honda, pero muy baja, casi que desganada. No es para menos, ya que, según cuentan, lo atraviesan en unas tablas. No viene a mi entrevista con ganas de hablar, desde luego.

En mi fantasía recurrente, él se presenta como hijo de Dios. Siempre se define por su padre, claro, no tiene una identidad propia. Es algo así como el príncipe William.

Justo después de un pequeño carraspeo tibio, se inicia la entrevista.

Las cuestiones que le presento nunca son las mismas. Han ido variando conforme he crecido:

—«¿Sabría identificar a su padre como un maltratador?».

—«¿Heredó su despotismo o usted tiene algo que cambiar?».

—«¿Se enfadó con él antes de aceptar su destino?».

—«¿Qué opina del estilo de los evangelistas en el Nuevo

Testamento? ¿No debería tener más uniformidad o es una cuestión vanguardista?».

—«¿Es usted esquizofrénico?».

—«¿Qué línea telefónica emplea Dios?».

—«¿Por qué debo poner la otra mejilla si ha decidido condenarme sin remedio?».

—«¿Pide perdón Dios por sus errores o es un padre dictatorial?».

—«¿Lloró Dios el día que usted se sacrificó en su nombre? No quiero aceptar un Dios que no llora».

—«¿Le dice "papá" en la intimidad?».

—«Por cierto, ¿tiene Dios esa otra mejilla que los demás debemos poner?».

—«¿Envía a su hijo a la Tierra porque el rancho celestial no está bien custodiado y debe quedarse allí?».

—«¿Por qué está mal odiar?».

—«¿Por qué, entonces, Dios odia mi coño, entre otras muchas cosas?».

—«He leído en vuestro best seller que la mujer queda condenada a vivir por debajo del hombre. Le leo directamente de la fuente para que juzgue por sí mismo: «A la mujer dijo: en gran manera multiplicaré tu dolor en el parto; con dolor darás a luz los hijos; y, con todo, tu deseo será para tu marido, y él tendrá dominio sobre ti» (Génesis 3:16). ¿Hay una versión más actualizada o Dios es un machista orgulloso?».

—«¿Lo de caminar por las aguas es a gusto propio o solo sucedió una vez?».

—«¿Eres asexual?».

Demasiadas preguntas a lo largo de los años. La última que formulo siempre en mi cabeza es:

—«¿Por qué me has castigado con un cáncer?».

A ninguna de ellas Cristo responde. En realidad, nunca habló por sí mismo. He llegado a tenerle pena: es un mero ventrílocuo con el discurso aprendido y sin opción a improvisar.

Durante algunos cursos de primaria tuve una tutora bastante mayor —por supuesto, monja— llamada Paula. Tenía el pelo corto, blanco y muy brillante. Hablaba con un acento de Burgos muy marcado, especialmente en las sibilantes, también en la tonalidad, y, aunque no llevaba el hábito tradicional, la podías identificar como hermana cristiana desde kilómetros a la redonda. Supongo que es una cuestión de actitud y no solo de vestimenta.

Completaba el *outfit* modosito con un anillo plateado, símbolo de su matrimonio con Dios.

Por las mañanas, madre Paula nos leía el Evangelio o nos hacía leerlo a alguno de nosotros en voz alta; después rezábamos el Padre Nuestro o el Ave María, y poco después comenzaban las clases.

Pese a su rectitud, la recuerdo con cariño. Tenía un trato tajante con su alumnado, pero nunca descortés, y realmente prestaba atención a nuestras personalidades de forma muy individualizada. Siempre me decía que era una niña muy buena pero muy lista. A día de hoy, sigo sin entender por qué esa frase tenía un nexo adversativo.

De aquellos días escolares tengo muchos recuerdos, pero hay algunos conceptos que se quedaron especialmente marcados en mí, como aquella frase que madre Paula repetía una y otra vez: «Debemos aprovechar el día porque es un regalo de Dios».

Le debíamos a Dios el sudor de nuestra frente y el sacrificio de nuestras manos. El trabajo honraba y nos hacía dignas y cercanas al gran padre. Cada jornada contaba como «un pequeño granito de mostaza» en que podríamos mostrar nuestra valía a través del esfuerzo.

Empecé a ser consciente de que podía tener cáncer desde finales del mes de mayo. Después de acudir al médico de cabecera por mi constante taponamiento nasal, y que las medicinas no mejorasen mi nariz, una pequeña angustia se abrió paso en mi interior. Aquello era raro y yo lo sabía.

Recuerdo repetirme a mí misma, como una especie de mantra, que pasase lo que pasase lo importante era aprovechar el día, seguir adelante, ignorar la tristeza y continuar con la rutina.

Aquella frase, que debía ayudarme en esos momentos duros, en realidad me ahogaba más que el propio tumor. La situación empeoró cuando los tratamientos de quimio se iniciaron y mi cuerpo ya no me permitía «ser de provecho».

En el *Diccionario de la Lengua Española* el concepto es más que abrumador:

> **Aprovechar**
>
> De a- y provecho.
>
> 1. tr. Emplear útilmente algo, hacerlo provechoso o sacarle el máximo rendimiento. Aprovechar la tela, el tiempo, la ocasión.
>
> 2. tr. p. us. Hacer bien, proteger, favorecer. U. t. c. intr.
>
> 3. intr. Dicho de una cosa: Servir de provecho.
>
> 4. intr. Adelantar en virtud, estudios, artes, etc. U. t. c. prnl.

Cuando tienes cáncer, te autoimpones aprovechar el día a día. La falta de futuro te exige vivir la inmediatez como lo único real. Tus acciones cotidianas cambian de la noche a la mañana, sin apenas tiempo para poder asimilar lo que está ocurriendo. Te culpas a ti misma por no poder tener una rutina. Comienzas a sentirte un parásito, una carga, y un *tic-tac* constante apremia desde el fondo de tu cabeza. Es un sentimiento común entre los enfermos, lo sé bien.

Sentí cómo mi vida perdió la noción de meta repentinamente, pasando de un camino machadiano a un presente absoluto y aterrador, en el que los segundos eran rocas pesadas sumándose sobre mi espalda corva y cansada.

Sin quererlo, las concepciones cristianas de mi infancia me acabaron acompañando y aplastando incluso en la vida de adulta apóstata. Han trazado en mi cerebro una pauta conocida en la que es fácil perderse.

Esta mañana he ido a visitar a un amigo. Su padre está sedado en el hospital, esperando la muerte debido a una afección que lo azota desde los últimos años.

Cuando he llegado, y después de abrazarlo varias veces, me he sumado a la comitiva de familiares que lo acompañaban. Todos allí reproducían el esquema que he estado viviendo en mis propias carnes en las últimas semanas: un círculo de amor, de tristeza compartida, de apoyo en torno a la enfermedad.

He observado a esas personas y he pensado en ese padre de familia que, en los últimos años —como yo—, se habrá sentido inútil, apenas una pluma manejada por el huracán que es la vida. Y lo he entendido: la red de manos que allí se abrazaban era su producto, su beneficio, su legado.

Aquello era —y siempre fue— lo verdaderamente provechoso. Juan, padre de mi amigo, esposo, hermano, tío y amigo, sí había aprovechado el tiempo.

Si me paro a pensar en referentes culturales y jóvenes que están al borde de la muerte, parece que se nos presenta una idea romántica y atrayente, en la que puedes viajar hasta el confín del mundo para encontrar respuestas, o drogarte y gastar hasta el último céntimo. Tirarte en paracaídas o hacer alguna locura extrema es un modelo que, además, se reproduce en las películas de Hollywood.

Si te vas a morir, debes vivir la emoción constante porque ya no hay nada que perder.

Esa idealización no es más que una burda mentira. Una forma maquillada de huir de la realidad cuando se es incapaz de aceptar a la parca.

La cotidianidad de los días en que se convive con la enfermedad es otra muy distinta.

Nadie nos prepara para pensar que *aprovechar un día* puede significar aceptar el cuerpo cansado, desear respirar tranquila, pasar horas debajo de la cama llorando a moco tendido, poder comer unas patatas de jamón viendo una serie de Netflix sin ningún tipo de reparo, hablar con mamá sobre sus clases de yoga, o ver la tele y después leer a Lorca por las noches, estar tres horas por teléfono con tu amiga, mirar el techo, tomar una ducha larga o comprar una planta nueva.

Todo eso, en realidad, es útil.

No es ese el modelo que yo tenía asociado en mi cabeza, pero es infinitamente más sencillo, placentero y mucho menos agotador.

Lo cierto es que estoy hasta el coño de que Dios, muchos años después y en mi sistema de conciencia, siga diciéndome que le debo honrar con un trabajo digno y sacrificado cuando tengo un cáncer de mierda.

Estoy enfadada con mi aprendizaje, porque me ha hecho culpable de sentirme libre. Y debo repetirme día a día que tengo derecho a no hacer nada, o a realizar cosas simples; que quizá la meta sea más minimalista y esté al alcance de la mano.

Odio que Dios, que mi educación, los referentes culturales, el famosillo de turno, la influencer alabada, busquen culpabilizarme; me convenzan para no dejar de pensar en la producción constante y sin frenos, en lugar de preguntarme quién soy, qué necesito y cómo voy a estar en el mundo.

Odio que no me hayan dejado asumir de pequeña que tenía que construir mi propia noción de qué es útil. Odio que se premie el martirio en lugar del cuidado, y que se goce como un galardón el dolor. Odio que para muchos el sufrimiento sea un espectáculo de gladiadores para entretener al gran público.

Estoy aquí. Y algún día yo, como Juan —el padre de mi amigo—, tendré a mi alrededor un círculo de personas que se consolarán entre sí mientras suspiro con mi último aliento.

Lo único importante entonces serán los recuerdos que permanecerán anclados en cada una de ellas y que darán sentido a la narrativa vital propia que se construye despacio, con dedicación, cuidado y muchas dudas.

Sabiendo esto, el tiempo ya no me presiona. He dejado de mirar el reloj. La finalidad de las acciones ha perdido el don de asustarme, y la causa-consecuencia ha dejado de ser un método fiable o un andamio sobre el que edificar mi vida, porque hay en ella espacio para la improvisación y para cambiar de rumbo. También para usar otras medidas de valor como el cariño, el afecto o la compañía.

Así que estoy construyendo mi propia lengua, y me atrevo a

redefinir en los siguientes parámetros la dichosa palabra que tanto me persigue:

> **Aprovechar**
> De a- y provecho.
> 1. tr. Actuar en torno o en favor de un antojo.
> 2. tr. p. us. Acción de recordar decir «te quiero».
> 3. intr. Hecho de agradecer.

Me parece una buena definición. O al menos una definición válida para mí.

A veces, cuando acude a mí el dolor, el rencor o la duda, sigo imaginado mi recurrente entrevista con el hijo de Dios, pero ha cambiado radicalmente. Ya no quiero hacer preguntas. Estoy cansada. Ahora le hablo con cierta ternura, incluso diría que algo de pena:

—Jesús, puedes cuestionar lo que dicta tu padre. Es un narcisista y tienes derecho a decidir por ti mismo cuál será tu paso por el mundo. Te adelanto que se tarda un poco más de seis días… en averiguarlo. Yo llevo veintiséis años jugando a ser un Sim y aún no tengo muy claro el modo de construcción. A veces se buguea.

Yo:

*mensaje de voz - 4.03 min

Jul:

Cariño, lo siento mucho… pero no te hace bien.

Yo:

No sé qué me pasa, pero no quiero seguir así, solo me hundo más. No puedo cargar con mi enfermedad y con el peso de toda la relación a mis espaldas…

Yo:

Es una mierda

Jul:

Bueno, si apenas lleváis unos meses juntos y no funciona desde el principio es que no va a funcionar.

Yo:

Ya, pero no sé, él me ha dado una oportunidad, aunque sea una calva moribunda, ¿sabes?

Jul:

¿Joder y por eso le debes algo?

Yo:

A ver, un poco sí, ¿no?

Jul:

¿Debes quedarte con quién aparece en tu vida solo porque te ha aceptado calva aunque te genere dolor y estar en la mierda?

Yo:

No, coño, visto así... parece que me conforme.

Jul:

Bueno, es que te conformas...

Yo:

Bueno, supongo que me siento culpable.

Jul:

Cariño que tengas cáncer no significa que no tengas nada que ofrecer. No sé.

No eres solo una calva moribunda, eres mucho más que eso.

Yo:

Pfff, supongo. Tengo que pensar. Solo tengo ganas de llorar. Me da tanta pena...

Jul:

¿Por ti o por la relación? Ojalá fueras capaz de ver todo lo que yo veo en ti. Sé que harás lo mejor.

Jul:

Ya has hecho cosas más difíciles.

Yo:

Bueno, ser coherente conmigo misma es mucho más difícil que tener puto cáncer.

La desheredada

> Sabes vestir con tal arte la mentira, que tú misma llegas a tenerla por verdad. Te engañas con tus propias farsas, desgraciada. Te posees de tu papel y lo sientes. Enseñas a tus nervios a falsificar las sensaciones y a obrar por sí mismos, no como receptores de la impresión. sino como iniciadores de ellas. ¡Bonito juego!
>
> BENITO PÉREZ GALDÓS

Ahora lo sé: la verdadera tragedia reside en caer presa de tu propio engaño. Ahora también lo sé: no hay lucha más dura que la de despertar de un sueño. Ahora lo sé: las mentiras son sueños que nos adormecen cuando la realidad es demasiado devastadora para ser aceptada. Pero entonces, en aquel entonces, no lo supe.

De mis años universitarios recuerdo un libro con especial cariño: *La desheredada*, de Benito Pérez Galdós. Su personaje principal, Isidora, me enternece el pecho y me cala muy profundo porque siento una hermandad extraña, cercana y real hacia ella. Soy capaz de verme a través de sus ojos, de saberme Isidora, o al menos una Isidora en mi propia existencia, que ni siquiera sé si es más real que la de los libros. A veces se siente como una auténtica pesadilla.

Isidora Rufete es una muchacha pobre a la que engañan diciéndole que es heredera de un marquesado. La pequeña plebeya crece ilusionada bajo el paraguas de esa mentira, siempre pensando que su futuro será mejor, que le aguardan grandes cosas, que es especial. En mitad de la desgracia de su condición de pobre, la ilusión la salva día tras día, aunque no sea más que un sueño que se desvanece entre sus manos: nada tangible, nada real.

¿Acaso hay algo con más peso, sustancia y forma que nuestras propias mentiras? En ciertos momentos, las mentiras son mecanismos de supervivencia tan necesarios y humanos como cualquier otro.

En mitad de mi diagnóstico de cáncer, me encontraba comenzando una relación amorosa con un chico de mi misma edad. Se llamaba Daniel. Tenía el pelo moreno, el cuerpo largo, la nariz angulosa, algo estrecha, y supongo que estaba en el momento justo en el sitio equivocado.

Nos conocimos fruto del azar —el amigo de mi amiga— y, en aquellos días en que necesitaba evadirme de la realidad, me pareció que el sexo rápido, esporádico y sin ataduras tenía muchas ventajas que ofrecerme. Al menos me ofrecía un entretenimiento. Así pues, Daniel comenzó siendo mi follamigo.

Nuestros encuentros solían comenzar con algún café, quizá una copa, y acababan en la parte de atrás de un coche en mitad de alguna parte, mientras ambos nos calentábamos el cuerpo desnudo. En aquellos días, mi pelo pelirrojo y rizado aún me llegaba por la cintura, mi piel era suave y aún era capaz de saborear las comidas.

Cuando Daniel llegó, hablamos de mi diagnóstico, incluso de la muerte, y ambos queríamos simplemente gozar el presente, disfrutar del cuerpo. Quizá quedarme como un buen recuerdo en su memoria: la chica a la que conoció días antes de morir. Siempre he sido una romántica dramática, supongo.

Así que me dejaba llevar. Nada de aquello podía hacerme daño, era un juego en el que solo podía ganar. Sin embargo, cometí el error de subestimar la costumbre y el contexto: los dos grandes aliados de la autojustificación.

Los días se sucedían en una cotidianidad extraña. El cáncer se hacía cada vez más presente en mi vida y las citas con Daniel continuaban, haciéndose poco a poco más frecuentes. Había momentos bonitos, plagados de una nube tierna que neblinaba aquellos instantes. Hubo días en que, después de follar, nos quedábamos a mirar las estrellas, y días en que dije «te quiero» con un cariño insípido en los labios, sin sentirlo apenas, solo para pincelar la situación.

Necesitaba adornar mi drama con algún propósito, y nada mejor que el amor desdichado, impedido por algún destino trágico y cruel.

Hice mías todas las palabras de amor conocidas: «novio», «pareja», «relación», «juntos», «proyecto», «felicidad», y las tejí en una red semántica que acabó por asfixiarme. Aquel chico con el que me acostaba puntualmente acabó formando parte de mi familia, mis amigos, mis días y mi lado de la cama.

Ocupó espacios y momentos, lo llenó todo con su presencia alta y desgarbada. Lo entrometí en mi vida como se entromete un virus en el ADN ajeno, apoderándose de todo cuanto le rodea e infectando silenciosamente, a su paso, cada célula del organismo que toca.

Me hice a mí misma dependiente de una relación que no buscaba, pero que de alguna manera inconsciente necesitaba para que me salvase de la realidad del cáncer. No quería morir sola. Me negaba a decir adiós a los besos sobre la barriga o los pezones. Verme calva era duro; verme calva y sola era angustioso, perturbador e hiriente.

Temía no volver a sentir los ojos del deseo sobre mi cuerpo desnudo. Así que el miedo a la soledad esculpió las paredes de mi propia celda inventada.

Encajé a Daniel en los patrones de un amor que nos venían demasiado grandes a ambos. Yo demandaba consuelo, compañía, esfuerzo, empatía y pasión. Él, una novia normal, risueña y sin angustias, que le permitiese salir de vez en cuando, futurar inocentemente, divertirse descubriendo nuevas emociones.

Pronunciamos una y otra vez el dichoso «te quiero», pero ocultábamos otras muchas cosas detrás de esas palabras que poco tenían que ver con su significado. Para mí articulaban un «te necesito». Necesito que alguien sostenga mi cuerpo en mitad de una tormenta que me azota. Una y otra vez, aquellas sílabas salían de mi boca como el canto final del cisne antes de morir: bello y desgarrado, una llamada de auxilio.

Los días se convirtieron en meses, y los meses pasaron como toda una vida ante mis ojos. Me mentía tan bien a mí misma que, como un camaleón tiñendo su cuerpo, desaparecí sobre el fondo de aquella relación.

Conocía los gustos de Daniel y caminaba sobre ellos como un itinerario conocido: qué hacer para hablar, para llorar, para abrazar o sonreír. Siempre pretendí que tenía la profundidad de pensamiento que yo necesitaba, y jugué a exigirle una madurez que sabía que no había alcanzado.

Fui injusta incluso sin saber que lo estaba siendo. Yo nos mentí a ambos, porque me habían enseñado que el amor era esa mentira y que el amor era la respuesta a todo y a toda costa. Así que dejé que aquella losa me aplastara día tras día con su pesada carga.

Hubo una mañana de abril, sin embargo, en que me hormigueaba la verdad sobre el pecho y fui incapaz de mantener aquella mentira si acaso un segundo más. No sé de dónde exactamente saqué las agallas para echarme la verdad a la cara, pero de alguna manera lo hice.

Prefería una vida solitaria y auténtica a una existencia de patraña.

La realidad que me confesé a mí misma, entre sorpresas, fue que nunca había estado enamorada de Daniel. Aún peor: ni siquiera gozó nunca de mi simpatía. Daniel y yo nunca nos conocimos desde la libertad o desde el gozo. Nuestra relación no era más que el producto de una costumbre forzada por las circunstancias de la pena, el miedo y el dolor.

Y es que cuando la verdad se te presenta ante los ojos, es difícil dejar de verla, como una pestaña que se clava en el iris si no la espantas con algún soplido fuerte. Me ahogaba entre las paredes de un tumor asfixiante y una relación teatral y tóxica. La necesidad no podía conducir mi vida —o al menos, lo que quedaba de ella.

Entendí que me debía, si no valentía, al menos un poco de honestidad a mí misma.

Finalicé la relación con Daniel poco tiempo después. La despedida no estuvo exenta de dolor, ni tampoco de lágrimas, pero confieso que sentí un alivio mayúsculo y extraordinario.

Tardé mucho tiempo en saber cuáles fueron los motivos reales del fracaso de aquella relación, quizá demasiado. Sincerarme conmigo misma fue un ejercicio difícil: me descubrí mintiendo por pura indigencia vital. Permití que el cáncer dominara mi vida.

Yo fui Isidora, y como ella crecí creyendo en algunos conceptos. Me prostituí, en algún modo, buscando aquel marquesado llamado amor. Teatralicé la realidad para salvarme de la circunstancia cruel, y me arrepiento de haber caído presa de mi propia trampa.

Es por esto por lo que siento mías las palabras del personaje en la novela de Galdós, y las afirmo, y las repito, y las reitero aquí porque quiero exorcizarme:

«Me aborrezco; quiero concluir, ser anónimo, llamarme con el nombre que se me antoje y no dar cuenta a nadie de mis acciones.»

Nada más.

Lauris:

¡Muy Feliz Navidad mi amoooooor!(L) Estoy deseando verte!! Cuándo te ingresan para la siguiente quimio? puedo visitarte en medio si quieres.

Yo:

*mensaje de voz - 8.10 min

Lauris:

Quilla, qué dices? ¡¡pero entonces no te dan más quimio? QUÉ?

Yo:

Al parecer no está funcionando como debería, ha crecido un poco incluso y no se puede operar.

Lauris:

Bueno, pero con eso disminuyen? ¡Va a funcionar quilla!

¿Puedo ir a verte?

Yo:

Gracias, de verdad, pero no tengo ganas de ver a nadie en unos días... necesito asimilarlo. Me han citado para hacerme la máscara y después comenzará la radiación.

Lauris:

Claro, cuando quieras, estoy aquí. Te quiero.

Yo:

Y yo a ti, bella.

Lauris:

Pero no entiendo ¿entonces radio y se acabó? ¡Al menos una buena noticia!

Yo:

No, Lau, ojalá...

Yo:

Las opciones son radiación por ahora y si funciona volver a la quimio después.

Yo:

La otra opción es que nada funcione.

Lauris:

JODER

Pero eso no va a pasar!

Es que no vamos a pensar en la segunda opción, si hay que ir a radiación se va.

Lauris:

Y... ¿la radiación cómo va? ¿duele?

Yo:

No lo sé. No he tenido ánimo para preguntar cómo va.

Vampira

> Tenía el aspecto que tienen los lugares donde ocurrió algo malo: un aire de expectativa.
>
> Mariana Enríquez

Uno

—¡Okey, Anabel! ¿Qué tal? Soy Mauri, y ella, Estela. Vamos a estar contigo siempre que duren las sesiones, ¿vale? Nosotros te ponemos la máscara y salimos durante la sesión porque, bueno, aquí no podemos estar debido a la radiación. Después ya volvemos para desanclarte. Bien, ¿no?

Dos

—A ver, al principio las sesiones pueden ser un poco agobiantes para algunos pacientes. Es perfectamente normal, pasa mucho.

—Por cierto, sí, eso… Tu radiólogo nos ha dejado escrito que te recordemos que no puedes moverte en ninguna circunstancia, porque la radiación está focalizada y te puede dar en el ojo. Hay que tener cuidado.

—Por eso, te vamos a poner esta máscara de inmovilización. ¿Has probado a dormir con ella en casa? Te acostumbrarás a ella, ya verás.

Tres

—¿Estás nerviosa? ¡Venga, vamos a cuidar de ti! Vamos a subirte a la camilla.

—Vale, túmbate…, aaasí…, y ahora te subimos.

—Supongo que te lo habrá dicho el médico, pero recuerda que, desde hoy, no puede darte el sol, ¿vale? Es muy muy importante que lo evites.

—También es normal, totalmente normal, que conforme pasen las sesiones puedas notar heridas en las mucosas, pero eso ya lo iremos solucionando. ¡Tú tranquila!

Cuatro

—Vale, Anabel, vamos a anclarte a la camilla.

—No, no, así no. Tienes que cerrar los ojos.

—La máscara es muy rígida, y si los dejas abiertos ya no los podrás cerrar, no tiene ese espacio.

Cinco

—Recuerda mirar hacia tu frente toda la sesión. Es muy importante, hay que alejar la radiación todo lo posible de tu ojo. ¡El médico ha insistido mucho en que te lo recordemos!

—A veeer… no es fácil de poner, es un poco complicado dar con la posición exacta de la máscara.

CLIC

CLIC

CLIC

CLIC

—¿Todo bien? Haznos una señal con los dedos... espera, que te cojo la mano. ¿Bien? Venga, apriétame si estás bien.

Seis

—Peeerfecto. Vale, te subimos. Estamos poniendo bien los parámetros, ¿ok?

—Estela, un poco más a la derecha... ahora abajo... sí, sí, abajo...

Siete

—Listo. Ahora te dejamos aquí.

—Vas a escuchar cómo se cierra la cámara cuando salgamos.

—Volveremos cuando haya finalizado la sesión para desanclarte.

—No tengas miedo, ¡no nos vamos a olvidar de ti, Anabel!

—Venga, ánimo. El primer día siempre es el más complicado.

Ocho

Doce

Dieciséis

Veinticuatro

Joder, no puedo respirar. Tranquila, claro que puedes respirar. La máscara tiene agujeritos, puedes respirar.

Treinta y uno

¿Qué es ese ruido? Madre mía, ni siquiera puedo tragar saliva. Qué pegada está la máscara. Concéntrate en respirar, seguro que tarda poco.

Cuarenta y cinco

¿Me va a quemar la cara? ¿Voy a ver un rayo o algo así? Qué ruido más raro...

Sesenta y seis

¿Y si tengo ganas de hacer pis? ¿Cuánto durará esto? ¿Y si se va la luz?

¿Puedo quedarme encerrada aquí?

Setenta y ocho

¿Cómo sé cuánto tiempo ha pasado? ¡Cuánto ruido! Uf…, no puedo moverme ni un milímetro.

Noventa y tres

Respira…, venga, vamos a contar ovejitas o a pensar en cosas buenas. Seguro que ya queda muy poco, llevo mucho rato aquí…

Noventa y cuatro

veintiuna ovejitas, veintidós ovejitas, veintitrés ovejitas, veinticuatro ovejitas, veinticinco ovejitas, veintiséis ovejitas, veintisiete ovejitas, veintiocho ovejitas, veintinueve ovejitas, treinta ovejitas, treinta y una ovejitas, treinta y dos ovejitas, treinta y tres ovejitas, treinta y cuatro ovejit…

Ciento tres

¿Me voy a quemar la lengua? Ay, noto algo raro.

No quiero tener una quemadura en la cara.

En Chernóbil la gente se derretía con la radiación, ¿no?

Ciento veinticinco

¿Quedará mucho? No sé, me parece que llevo aquí un rato. ¿Se ha parado la máquina? No siento nada. Igual se ha ido la luz. No me puedo mover.

¡¿Qué hago si se ha ido la luz?!

Ciento cincuenta y nueve

Ah, no se ha ido la luz…, vaaale. Escucho ruido…, vaaale. Joder, qué agobio no ver nada y no moverme. Parece que estoy dentro de un ataúd. Sí…, de un ataúd.

Ciento sesenta

Una ovejita, dos ovejitas, tres ovejitas, cuatro ovejitas, cinco ovejitas, seis ovejitas, siete ovejitas, ocho ovejitas, nueve ovejitas… Ay, me he perdido. Crco que iba por siete… Por sie… Tranquilízate y sigue: Siete ovejitas, ocho ovejitas, nueve ovejitas, diez ovejitas, once ovejitas, doce ovejitas, trece ovejitas, catorce ovejitas, quince ovejitas, diec…

Ciento sesenta y tres

¿Así es? ¿Es así como se sentirá la gente en coma?

Ciento sesenta y nueve

¿Cuánto quedará? Seguro que poco, seguro que poco. Tiene que quedar ya muy poco.

Ciento setenta y siete

Mierda, se me ha olvidado preguntarle al médico si se me van a caer los dientes. Espero que no. No pienses en eso, que te agobias. Respira, respira.

Ciento ochenta y dos

¿Cuánto quedará? Joder, es que me duele la espalda, qué dura está la camilla. Respira..., reeeeeespiraaa... Joder, pero si es que no puedo ni tragar saliva. No hay hueco en esta máscara.

Ciento noventa y cinco

Ay, ¿por qué tengo ganas de llorar? No llores, que te ahogas, tonta. ¡No llores! ¡No llores! ¡Va a funcionar!

Ciento noventa y nueve

Coño, ahora tengo la cara mojada. Espero que eso no afecte a cómo funciona el cacharro este. Qué tontería, si solo son lágrimas. ¡Qué va a afectar!

Doscientos uno

¿Y si esto no funciona? ¿Qué va a pasar, por Dios? ¿Me va a seguir creciendo hasta el ojo? ¿Hasta el cerebro? ¡Mi madre se va a morir de pena! No pienses en eso, Anabé. No hay que pensar en eso. Eso no va a pasar.

Doscientos tres

Venga, me voy a poner a contar ovejas otra vez, ahora hasta el final: Una ovejita, dos ovejitas, tres ovejitas, cuatro ovejitas, cinco ovejitas, seis ovejitas, siete ovejitas, ocho ovejitas, nueve ovejitas, diez ovejitas, once ovejitas, doce ovejitas, trece ovejitas…

Doscientos diez

¿Qué es ese ruido? ¡Ay, mierda! ¡He movido los ojos! ¡He movido los ojos! ¡Por Dios, que he movido los ojos! ¿Qué pasa ahora? ¿¡Me quedo ciega!?

Doscientos veinte

¡Que alguien me saque de aquí! ¡Creo que me he quedado ciega! ¡Ha sido sin querer! He mirado todo el rato para arriba, todo el rato, lo juro, lo juro… ¡Toooodo el rato! No importará tanto, ¿no?

Doscientos veintitrés

No…, tranquilízate. Qué tontería. Ha sido un segundo, no es nada, no es nada. Sssh…, van a venir ya los enfermeros. Aguanta solo un segundo más.

Doscientos treinta y siete

Por favor, no quiero morirme. No sé si me he quedado ciega. Me habría dolido si me hubiese quedado ciega, ¿no?¡Solo miré una vez para abajo! ¡Solo una vez! ¡Me asusté con el puto ruido!¡Quitadme la máscara! ¡No sé si estoy ciega o no! ¡No puedo abrir los ojos! ¡No sé si estoy ciega!

Doscientos ochenta y cuatro

por favor no quiero morirme por favor no quiero morirme por favor por favor por favor por favor por favor por f... aaaaaa... ufff... no, no...

Doscientos noventa y siete

Respira. ¿Cómo te vas a quedar ciega si solo has mirado un momento para abajo? La sequedad será de estar con esto tan pegado. ¿Cuánto queda? ¡No puedo respirar! Uf... uf... ufufufufufu... respira... uuufff... uf... respira. Una, cuando es ciega... lo sabe...

Doscientos noventa y nueve

¿Por dónde iba antes? Ovejitas... hay que contar ovejitas. Ya, seguro que queda poco y no estoy ciega. ¿Cómo voy a estar ciega? Eso es una tontería. Creo que iba por treinta y una ovejitas... ufff... treinta y dos ovejitas... uuuuuufff... treinta y tres ovejitas, treinta y cuatro ovejitas, treinta y cinco ovejitas, treinta y sei… uffffff… ovejitas, treinta y sie… ay… es que…

Trescientos

¡JODER, TENGO MIEDO! ¡TENGO MUCHO, MUCHO MIEDO! ¡QUIERO SALIR, PERO NO… NO… PUEDO MOVERME! ¿¡CÓMO LOS AVISO!? ¡NO PUEDO RESP…!

¡Ya está!

—¿Anabel?

—¿Hola?

—¿Anabel? ¿Notas mi mano?

—¡Estamos aquí! ¡Has acabado la primera sesión!

—¿Qué tal? ¿Cómo ha ido?

—¡Bieeen, ¿no?! La primera siempre es la más difícil.

—¡Ya verás cómo te acostumbras en nada!

—Venga, te vamos a desanclar.

—No te me asustes, ¿eh?

—¡La primera victoria de muchas!

EVOLUCIÓN:

Viene a continuar tratamiento esquema MAP (Qt). Se nota discreta mejoría de la lesión, más blanda a palpación. Puede respirar mejor.

El mito de Sísifo

> El esfuerzo mismo para llegar a las cimas basta para llenar un corazón de hombre.
>
> ALBERT CAMUS

Me maldije a mí misma el día en que tatué sobre el antebrazo izquierdo una profecía: el mito de Sísifo, el rey astuto e impío que fue condenado por los dioses a subir eternamente por la ladera de una montaña una piedra que, al alcanzar la cumbre, volvía a caer una y otra vez en un eterno castigo sin fin. Yo soy Sísifo, y la piedra es mi destino.

Existen muchas interpretaciones del mito de Sísifo, pero fue el ensayo de Camus el que me obsesionó a mis veinte años. En él desarrolla su idea del absurdo: la confrontación entre la necesidad humana de hallar un sentido a la vida y el silencio del mundo. Camus presenta a Sísifo como una metáfora de la condición humana, comparable a la rutina del trabajador moderno que repite cada día una tarea sin fin. Y, lejos de hundirse en la desesperación ante un destino insalvable, lo convierte en héroe al aceptar conscientemente ese absurdo.

En el momento en que Sísifo acepta su destino, se hace dueño de él, dueño de sí mismo, y su piedra lo conforma. La montaña, la ladera y el castigo son una circunstancia, pero es su decisión lo que provoca la vuelta pese a la caída continua de la piedra. Sísifo se antepone, intentándolo una vez más, siempre cuesta arriba, siempre manteniendo la esperanza ante el abismo. No es heroica su tenacidad, sino su vulnerabilidad. No hay tragedia en la contemplación de un hombre que es consciente del sufrimiento que vendrá, pues, pese a todo, se hace cargo de él, lo encara y lo asume.

Sísifo es superior a su destino, también es superior a los dioses, porque ha decidido darle su propio sentido a la vida. No ha permitido que una fuerza exterior determine qué significan la piedra, el monte o el camino para él. Esa aceptación de lo absurdo sin drama, sin que por ello la vida pierda importancia —sino que la obtenga por completo—, siempre me mantuvo enamorada del mito. En el verano de 2020 me lo perpetué sobre la piel.

Para el diseño de mi tatuaje elegí una postura singular. No quería al hombre cuesta abajo o cuesta arriba; poco me importaba dónde exactamente se encontraba la piedra. Me interesaba, en realidad, el minuto de consciencia, el cuerpo rígido de Sísifo sosteniendo la piedra sobre sus hombros, la fortaleza de todo un organismo que asume cada célula de existencia sin importar las consecuencias que ello le depare. En mi tatuaje, Sísifo aparece desdibujado, agarra la roca con fuerza y solo se intuye un gesto de esfuerzo en su rostro. No hay nada más. Es en la ausencia de matices donde aparece todo su significado.

Un año después, justo en el aniversario de mi grabado, me comunicaban —mientras estaba tumbada en una camilla y a punto de entrar en el quirófano para ser operada— que extraerían parte del tumor porque lo pensaban maligno y que quizá lo que me abultaba el rostro era cáncer. Aún era solo una sospecha: la sombra de la piedra aplastando mi destino.

Fue la primera vez que aquella realidad se hacía palpable para mí: cáncer. Estaba sola, tumbada en mitad de un pasillo helado, aterrada y mirando a los ojos a mi cirujano, Francisco, del que apenas veía unos ojos negros y poco más —el resto de su rostro quedaba oculto por su aséptico uniforme.

No recuerdo mucho. Cuando desperté, podía apenas ver: mi ojo izquierdo estaba muy inflamado. El dolor que sentía por toda la cabeza era indescriptible y, quizá lo peor, no podía hablar porque tenía la boca cosida. Fueron unos meses terribles de recuperación.

El día que desperté de mi operación me coloqué sobre la pendiente de una cordillera, con mi propia piedra sobre la espalda. Muchas veces, incontables, la piedra caía boca abajo, una y otra y otra vez. Hacía un ruido ensordecedor su peso aplastante cada vez que impactaba contra la superficie del suelo, y yo… yo me negaba a subirla cada vez.

Me cansé, me hice heridas en las manos, grité y quise rendirme porque sencillamente no podía más. «Demasiada carga para una vida», me decía. Hasta que un día —ni siquiera sé por qué— llegó el minuto de consciencia y, solo entonces, entendí que ningún dios me castigaba, tampoco ninguno se haría dueño de mi lastre.

Si te soy sincera, solo fui capaz de cargar la piedra cuando acepté que siempre formará parte de mí. Y cuando supe, a su vez, que los esfuerzos, el miedo y el sufrimiento nunca, jamás, desaparecen, porque son parte esencial de la vida.

No es un cometido sencillo aceptar la realidad. A mis veintiséis años, antes del diagnóstico del cáncer, pretendí alcanzar alguna meta ordinaria: un buen trabajo, un sueldo alto, una casa de mi propiedad, una pareja estable. Me enseñaron que el sufrimiento tiene un principio y un fin, y se soporta a cambio de beneficios concretos. ¡Qué soez mentira!

Si ahora levanto mi piedra es porque sé que la vida no tiene salida; no es una pendiente que se alcanza o una cima que se conquista. La vida es un eterno retorno de sensaciones, costumbres, dificultades y alegrías, un *continuum* de experiencias que nos atraviesan y nos conforman cada vez que la sostenemos, la hacemos nuestra y la levantamos.

Se carga la piedra como se carga la respiración, los órganos o la cabeza: conociéndola, dejándonos guiar por ella, entendiendo su ritmo.

Si subo hacia arriba es porque conozco el inicio del camino, que se inicia muy muy abajo. He podido hacer surcos en la tierra para escalar más fácilmente. No siempre lo consigo. A veces la piedra puede más que yo. A veces, también, puedo contemplar la cima durante días.

Así que yo me declaro Sísifo, me alzo sobre mi destino y me rebelo contra él. Este es mi camino y no habrá dios o montaña que lo marque por encima de mí. La piedra la sostengo en la boca, cara adentro, y cada día comienzo a trepar por la ladera recordando por qué elijo vivir. No existe ser o sino que me guíe más que mi voluntad.

La Junta aparca un innovador proyecto contra el cáncer para la sanidad pública andaluza mientras flirtea con uno privado*

...La protonterapia es un tratamiento médico que emplea aceleradores de iones para atacar las células cancerígenas sin dañar tejidos circundantes. En Andalucía se viene trabajando desde hace años en el Proyecto ProSAS-CNA, concebido para ser puesto en marcha por la Junta y operado por el Servicio Andaluz de Salud (SAS), y que prevé la instalación de un acelerador de protones en el Centro Nacional de Aceleradores (CNA), situado en la Isla de la Cartuja, en Sevilla. **Maribel Gallardo** estudia este tipo de tratamiento contra el cáncer en el que, junto a su grupo de investigación y en colaboración con la Universidad de Sevilla, el Hospital Virgen Macarena y el propio CNA, lleva trabajando en sus ventajas al menos desde 2010. La Consejería de Salud tiene desde 2016 sobre la mesa el plan, que haría que Andalucía hubiera podido disponer del primer programa público de protonterapia en España. Pero los impulsores del Proyecto ProSAS-CNA se toparon «sorprendentemente» el pasado verano con el consejero **Jesús Aguirre** apoyando un centro de similares características que la empresa estadounidense Mevion Medical Systems prevé para Córdoba.

* **Ramajo, J.** (2021, 18 de marzo). *La Junta aparca un innovador proyecto contra el cáncer para la sanidad pública andaluza mientras flirtea con uno privado*. elDiario.es. Actualizado el 19 de marzo de 2021.

Durante este periodo, dos aceleradores de protonterapia asociados a clínicas privadas han sido instalados en Madrid. Asimismo, recientemente, dos proyectos de aceleradores públicos se han propuesto para desarrollarse en las comunidades de Cantabria y Cataluña. No sería la primera vez que a un gobierno compuesto por PP y Ciudadanos le «adelanta» la sanidad privada: en diciembre de 2018, PP y Ciudadanos rechazaron una enmienda a los presupuestos de 2019 para la Comunidad Autónoma de Madrid para financiar con 21 millones de euros la creación de un centro de prontoterapia mientras un grupo sanitario privado, Quirónsalud, ultimaba las obras para ofrecer esa técnica en una instalación nueva en Pozuelo de Alarcón y que estaría «abierta» a pacientes «tanto de la sanidad pública como de la privada»...

Una habitación compartida

> Es vano decir que los humanos deberían estar satisfechos con la quietud: necesitan acción; y si no la encuentran, la fabrican.
>
> VIRGINIA WOOLF

La quinta planta es un lugar extraño. En cierto sentido se parece a los hospitales de guerra de las películas antiguas, donde se respira pérdida e inestabilidad infinitas.

Es común ver a los pacientes caminar por el pasillo con el portasueros. Siempre que pueden, salen de sus habitaciones buscando un trayecto que los distraiga un rato. La mayoría va despacio —cada paso es un logro— porque cargan un peso inmenso. Algunos cojean o avanzan en silla de ruedas, sorprendidos todavía por sus cuerpos mutilados, como bebés que descubren sus extremidades.

Los hay que deambulan con la mirada perdida: para ellos, el pasillo es un bucle temporal que parece no acabar nunca. Solo de vez en cuando se encuentran unos pocos que marchan con decisión; suelen ser los más jóvenes, que aún rescatan las ganas de vivir de algún rincón escondido. Sea como fuese, la quinta planta es un lugar para caminantes, tengas piernas o no.

No todos los pacientes de la quinta planta han perdido una extremidad, pero todos, absolutamente todos, han dejado una parte de su ser allí. En mi caso, dejé un trozo de mi nariz y de mi pómulo, pero, sobre todo, dejé atrás la certeza de que la vida siempre vence.

La quinta planta obliga a aprender deprisa. Aprendes a compartir el espacio mínimo de tu compañera de habitación y desarrollas con ella una intimidad única: la complicidad de quien entiende tu sufrimiento en carne propia. La ves llorar, gritar, reír o alucinar con la medicación, y nada te sorprende porque reconoces cada estado. Se apoya, se acompaña y se molesta poco.

De todas las compañeras de habitación que cuento entre mis filas, recuerdo especialmente a Paca y a su hija Irene. Tenerlas al lado era como vernos a mi madre y a mí con los papeles invertidos, una especie de espejo cruel y retorcido. Paca tendría cincuenta y tantos. Su hija, casualmente, había estudiado conmigo en el colegio algunos años atrás. *El mundo es solo un hormiguero largo*, pensé la primera vez que la vi.

Madre e hija estaban muy unidas, pasaban el día charlando, viendo series y hablando mediante videollamadas con el pequeño bebé de Irene, que acababa de cumplir dos años. Deseaban volver a casa para poder escucharlo y no perderse ninguna de las palabras que su lengua de trapo empezaba a articular. La vuelta, sin embargo, no parecía algo posible. Paca tenía un cáncer raro y no respondía demasiado bien ante la quimioterapia.

Durante las mañanas, Irene mostraba entereza: hablaba con Paca, también con nosotras un buen rato, cuidaba a su madre con diligencia y derrochaba alegría y buena disposición. Durante la noche, sin embargo, todo eso cambiaba. No es que Irene fingiese para consolar a su madre: es que la residencia en el hospital te exige ciertas ficciones para subsistir, y en el espacio compartido es siempre obligatoria la alegría.

Solo durante la noche hay hueco para la reflexión y los sentimientos más lóbregos; solo durante la noche puedes permitirte la duda y también la tristeza íntima, sin miedo al contagio. La noche del hospital es una bruma densa de angustias que ahoga al que no consigue dormir.

Una de aquellas noches me desperté para cumplir con mis recurrentes visitas al baño y entonces la vi allí. Irene estaba hincada de rodillas, con las manos apoyadas en la cama de su madre, en posición de rezo, llorando muy bajito y totalmente desesperada. Irene suplicaba al dios en el que ella creyese por una muestra de condolencia.

Irene era la mismísima personificación de la angustia. Sentía un temor atroz que necesitaba descargar y confesar a la oscuridad y los silencios de la madrugada. Solo la noche podía deglutir su aflicción y, allí, encogida, se entregaba en cuerpo y alma a la tristeza.

Aquella madrugada me descubrió mirándola. Sintió mis ojos en su nuca y se giró, con gesto cansado. Nuestras miradas se encontraron y supimos, sin hablar, que era mejor guardar silencio. Yo seguí andando despacio hacia el baño como si nada hubiera sucedido.

Paca nunca sabría que su hija lloraba por las noches ni que rezaba a escondidas pidiendo por ella. Irene solo podía mostrar que todo iba bien, que confiaba en su recuperación.

A la mañana siguiente, la risa había vuelto a plantar la semilla en el rostro de aquella muchacha. Entendí con el tiempo que fingir, en ciertos momentos, es también un acto de amor y contención.

Los días siguientes la quimio intoxicó a Paca y empezó a arrastrarla a otro lugar. A veces estaba hablando con nosotras y de pronto se quedaba en blanco, como si alguien le hubiera desenchufado la corriente. Otras saltaba de tema sin aviso, de la comida a la muerte, del presente a un recuerdo confuso. Nos hacía reír, pero también nos inquietaba.

Pronto las cosas se tornaron más oscuras. Paca empezó a ver sombras en la habitación: mujeres y hombres que nadie más veía, figuras que se quedaban al pie de su cama. Decía que los muertos la rondaban, que estaban de guardia y la llamaban. Alguna vez después del almuerzo me contó, con absoluta serenidad, que la esperaban del otro lado.

Lo extraño era que, entre esos delirios, de pronto decía cosas imposibles de ignorar. Una noche, justo antes de apagar la luz, me apretó la mano con fuerza y susurró:

—Tú te vas a salvar. Yo no. Yo me quedo aquí. Este es mi sitio, ya lo sé… pero tú te vas a salvar, niña.

Y de repente volvió a su tono habitual. ¿Paca alucinaba o tenía algún don?

Sea como sea, perdí el miedo a los fantasmas durante mis muchas estancias allí. La realidad, en la mayoría de los casos, es mucho más acojonante que cualquier espectro.

Paca fue trasladada a una habitación individual al día siguiente, y su predicción se hizo realidad solo dos noches después. Supe por su hija Irene que había muerto en silencio, sin sufrir, y que justo antes de partir le había apretado la mano en señal de despedida.

Irene vino a abrazarnos antes de abandonar el hospital por última vez. La recuerdo atravesando el pasillo, tan triste como calmada. Nunca más la volví a ver.

Me gusta imaginar a Irene con su cola alta y deshilachada, jugando al escondite con su hijo pequeño, riendo mientras escucha, feliz, sus palabras mal pronunciadas. La imagino así, alejada ya de la desesperación de la enfermedad y de los bordes de la agonía. Por fin, ajena a todos nosotros.

Paca fue una de mis muchas compañeras de habitación. Mis ingresos fueron tan continuos en el hospital que rápidamente la quinta planta se convirtió en un itinerario de rostros conocidos, una especie de mundo alternativo al que entraba un par de veces al mes.

Allí compartí el espacio, la charla, las miserias, los olores, las curas, los lamentos, las risas, los ronquidos, las máquinas, el anhelo y la desesperación con un matrimonio budista, un chaval de instituto, una familia musulmana, una apicultora, un bibliotecario, gente de Málaga, Almería, Canarias, Algeciras, Extremadura, Ceuta. Con abuelos, hijas, padres, maridos y esposas, nietas, con solitarios, con jóvenes y viejos, personas adorables, simpáticas y entrañables, estúpidas y cascarrabias.

Todos con una historia única y a la vez repetida. Todos calvos. Todos unidos.

Algunos de ellos se curaron de la enfermedad; muchos otros no salieron nunca de la quinta planta. Aquellas paredes encierran historias de alegría y de pena, se erigen sobre el *continuum* que implica vivir.

Por eso sigo nombrándolos. A Paca, a Irene, a Isabel, a la apicultora, al chico de instituto, al anciano. Porque mientras alguien recuerde sus voces y sus gestos, no quedarán borrados entre las sábanas del hospital, desdibujados por la saña de la enfermedad y el dolor. Quiero recordar su conversación, su gesto amable, su compañía. Porque mientras sus nombres vivan en mi memoria, la quinta planta no será un lugar de olvido, sino de resistencia.

INFORME CLÍNICO DE URGENCIAS

Servicios de Urgencias Generales

Exploración:

La paciente acude a urgencias por presentar desde hace 48 horas odinofagia y disfagia que no ha mejorado a pesar de nistatina oral cada 8 horas, fluconazol oral y lidocaína. En el día de hoy en las 12 horas de observación no ha podido tolerar líquidos. Febrícula 37.6, si bien ha tomado paracetamol y metamizol alternos cada 4 horas. En la exploración destaca la presencia de aftas y eritema en el paladar blando y duro además de en la cara ventral de la lengua.

Juicio Clínico:

Mucositis G4 por QT. Transaminasas G3 por QT.

Plan:

Curso ingreso en oncología médica para continuar con los cuidados.

Mandíbula

> Los cocodrilos tienen la mordida más fuerte del mundo animal y, sin embargo, guardan a sus crías en sus mandíbulas para protegerlas de los depredadores. Esa máquina para triturar se convierte en ese momento, también, en una casa. Una casa puede ser, entonces, una máquina para triturar y un hogar.
>
> MÓNICA OJEDA

A la Anabé de veinte años, estudiante universitaria, intensa e ilusa, le maravillaba asistir al teatro. Aquella época supuso una puerta abierta al océano de la literatura y la lengua: algo inmenso, profundo e inexplorado. No sé si aprendí todo lo que debía, pero descubrí mucho más de lo que esperaba.

Los textos, las amigas y los compañeros, las conversaciones, las reuniones, las clases me calaban como una lluvia fría sobre una manta de pana. Cada mes, agenda mediante, buscaba la programación teatral y apuntaba cada función en el calendario.

Mis salidas se convirtieron en una verdadera militancia cultural. A veces era solo yo la que acudía, otras reunía a mis amigos o a algún que otro ligue para que me acompañase como público. Sea como fuese, ir al teatro era una auténtica cita con la vida: significaba disfrutar de diálogos genuinos y de personajes incómodos que cuestionaban la existencia.

Para estudiantes como yo, con un presupuesto ajustado, el asiento propicio era siempre el gallinero. Desde aquella altura, las actuaciones cobraban matices más profundos. Me situaba por encima de la obra como una especie de diosa que vislumbraba un pequeño mundo desarrollándose.

El 12 de diciembre de 2015 asistí a una obra que se me quedó guardada en la retina de forma particular, llegándose a convertir en una obsesión. Aquella pieza se titulaba *La sesión final de Freud*. En esta ocasión, me acompañaba mi pareja de entonces: Manuel, el poeta tímido.

La obra versaba sobre el encuentro de un ya octogenario Sigmund Freud, médico neurólogo austriaco y fundador del psicoanálisis, y un maduro C. S. Lewis, escritor y profesor británico, conocido tanto por sus ensayos cristianos como por la saga fantástica *Las crónicas de Narnia*. Bajo el contexto de la Segunda Guerra Mundial, se reunían para debatir acerca del sentido de la vida. El psicoanalista mantenía una actitud escéptica y científica, casi nihilista, sobre la existencia. El escritor y profesor se mantenía espiritual y creyente del Dios cristiano; tenía un tono mucho más optimista en su discurso.

Era una obra de teatro sin apenas acción, basada en el diálogo a través del cual iban creciendo los personajes principales. La escenografía, de hecho, permanecía quieta e inmutable. El tono grave de Helio Pedregal, el actor principal que emulaba a Freud, inundaba la sala en cada una de sus intervenciones.

En algún punto de la obra, Freud se queja de su grave dolor en la mandíbula y desvela que tiene cáncer en la boca. Aquello, que en la función apenas pasa desapercibido, me enfrió el cuerpo: ¿se podía tener cáncer en la boca? ¿Qué dolor inimaginable soportaba alguien ante dicha situación? Me obsesioné con buscar y saber acerca de aquella enfermedad y leí durante días en todo tipo de páginas web sobre esta dolencia. Quién podría imaginar que apenas unos años después sería yo la diagnosticada con cáncer en la boca.

Resulta curioso cómo la mente, a posteriori, tiene la capacidad de rescatar esbozos de la memoria que podrían predecir la historia propia. Quizá la magia no sea más que la capacidad de narrarnos a nosotros mismos a través de acontecimientos que nos maravillaron en el pasado, una suma de situaciones que hilamos con el fin del consuelo o la justificación.

Muchos años después de aquella función, acabada ya la facultad, me encontré, también, con una novela que me maravilló: *Mandíbula*, de la escritora ecuatoriana Mónica Ojeda. La novela contaba la historia de una profesora de Literatura que desarrolla una extraña unión con su madre y su alumna, a las que odia. Al mismo tiempo, Ojeda convertía la boca en un lugar ambiguo, capaz del amor y de la muerte, de lo macabro y del conocimiento. El libro se erigía ante mis ojos como un oráculo macabro que me mostraba mi propia vida en una dimensión paralela y terrorífica.

De nuevo, apareció la obsesión, y me descubrí indagando acerca de todos los tipos de mandíbulas y maxilares existentes en el mundo animal. Me descubrí averiguando que el osteosarcoma era un cáncer antiguo, ya presente en fósiles de dinosaurios. ¿Me estaba diciendo algo mi intuición? ¿Qué era aquello?

Cuando me operaron por primera vez, el veintiocho de julio, perdí durante un tiempo mi boca. Los puntos de sutura se trenzaban en una hilera macabra que recorría desde la paleta derecha hasta la muela de juicio. Descubrí el dolor más absoluto, la paralización y la pérdida de sensibilidad, y me sentí hueca como humana.

Apenas podía hablar o susurrar. La comida había perdido su sabor y no sentía los labios ni la parte derecha de la cara. Mi tumor se había llevado por delante tres de las cosas que más apreciaba en la vida: mi voz, el disfrute culinario y la posibilidad de un buen beso. Sin embargo, de entre todas las cosas, la mayor tragedia fue perder mi herencia más radical: la risa de mi madre.

Con la costura de mi boca no solo había enmudecido yo, sino que se silenció, a su vez, la felicidad heredada e intrínseca de mi árbol genealógico, la réplica de la supervivencia del genoma generacional: Esa risa escandalosa y extravagante que llevamos y defendemos por igual todas las mujeres de mi casa y que tanto caracteriza nuestra estirpe.

Estaba enfadada, estaba dolida, estaba acabada. Sin mi boca no quería vivir. Los médicos me dijeron que habían cortado el nervio; probablemente, la movilidad no volvería. Hasta mis oídos llegaban las palabras que Freud, años atrás, había pronunciado en aquel teatro, y gritaban para mí una terrible maldición profetizada: «¡Entonces mire dentro de mi boca y comprobará que el infierno ha llegado ya!».

Mi constelación literaria se erigía ante mí como un oráculo que predecía mi existencia. Yo, que había vivido para hablar, leer y coleccionar palabras, comprendí que esos anuncios estaban ahí desde siempre, aunque yo no supiera descifrarlos.

Sin embargo, creyente de todas las musas, pero, sobre todo, hija de padres proletarios, sabía que el cuerpo cede a base de costumbre. Había heredado la risa materna, pero también el impulso trabajador y curioso de mi padre. La rendición no estaba entre mi material genético.

Comencé a modelar mi cara, estirando la piel con los dedos hasta que esta dejaba de ceder. Cada día pasaba horas delante del espejo ejercitando la boca, una boca que no sentía y que debía encoger y extender con mis propias manos. La mayoría del tiempo acababa vomitando sangre coagulada, y los puntos se expandían como en un globo a punto de explotar.

Pasaron semanas, incluso meses, en los que mi gesto labial era una expresión torcida que no podía reír ni llorar del todo.

Contra todo pronóstico, logré recuperar la sensibilidad muy lentamente, mantuve los dientes y aprendí a disimular la movilidad reducida de la boca arqueando el labio superior con la estrategia precisa. La risa matriarcal heredada se convirtió, así, en una conquista propia que se alzó sobre las palabras malditas del personaje de Freud.

De alguna manera que aún hoy no sé explicar, me erguí por encima del sino que la literatura había escrito para mí. Ahora espero los próximos anuncios de las musas, atenta desde el sillón de este hospital. Y tiemblo: porque abrir un libro puede ser también abrir un destino.

22.07

3 llamadas perdidas

WhatsA… 142 mensajes de 13 c…

ahora

LOS AUTÉNTICOS: ???

Juls:

¿Qué te han dicho los médicos hoy?...

Elenis:

Cariño cómo estás?...

Lauris:

Tía espero que estés bien, te llam…

y más.

El suicidio

El destino, hasta ahora,
ha sido benévolo conmigo.
Pudo no haberme sido dado
recordar buenos momentos.
Se me pudo haber privado
de la tendencia a comparar.
Pude haber sido yo misma, pero sin que me
    sorprendiera,
lo que habría significado
ser alguien completamente diferente.

WISŁAWA SZYMBORSKA

El ser humano es gregario por naturaleza. Criados en familias y, más tarde, en grupos de amigos, buscamos nuestra identidad a través del papel que ocupamos dentro de sistemas sociales que cambian con el tiempo: el colegio, el trabajo, la comunidad de vecinos, el parlamento. De esa pertenencia nace la empatía, una cualidad que nos da sentido y reconocimiento en nuestro pequeño rebaño humano, pero ¿puede la empatía matar, dañar o intimidar?

En 1518, en Estrasburgo, una mujer campesina de apenas treinta años comenzó a bailar despavoridamente. Invocada por el ritmo, dejó todos sus aperos esparcidos por la tierra que acababa de sembrar y se dispuso a comenzar una danza sencilla: *primero un pie, después el otro y una pequeña vuelta que cerraba el conjunto.* El ritmo era constante e inagotable.

Llevada por la euforia, siguió combinando sus pasos a lo largo de la pequeña localidad francesa, donde otros convecinos pudieron observar sus movimientos: *primero un pie, luego otro y una pequeña vuelta.* Uno a uno —no se sabe si fascinados o sencillamente agradecidos por algo de alegría entre tanto trabajo— se fueron uniendo al festival de pies alzados y, dándose las manos, todos se convirtieron en unidad: treinta y cuatro campesinos en el siglo XVI hicieron retumbar la tierra que pisaban, bailando al unísono. Sus neuronas espejo estaban activadas, las endorfinas corrían por su sistema hormonal haciéndoles sentir verdadera satisfacción. El cuerpo sudado no podía detenerse. Aquello era la verdadera satisfacción, o eso debieron sentir al principio.

Primero un pie, luego otro y pequeña vuelta. Las horas comenzaron a desdibujarse en el horizonte sin ser percibidas y solo el ritmo parecía ser indicativo de qué paso llegaría a continuación. Allá donde se extendía la vista, las personas se retorcían espasmódicas siguiendo una música que solo ellas podían escuchar. Una sonrisa les atravesaba la boca de oreja a oreja y les imprimía un carácter febril y taciturno mientras bailaban: *primero un pie, luego el otro y pequeña vuelta cerrando el conjunto.*

La danza iniciada en un principio en un arrebato de inocencia pronto adquirió un deje dramático: se sucedían los días con sus noches, los nubarrones y también las lluvias breves, y el baile no cesaba. Siempre bajo un mismo ritmo inquebrantable: *primero un pie, luego otro y pequeña vuelta.*

El jolgorio se había convertido en un rito casi militar donde nadie era capaz de romper filas. En las suelas de esparto y cuero de los treinta y cuatro vecinos comenzaron a brotar tremendas grietas por las que salía, en forma de hilo ininterrumpido, la sangre de sus pies. Y, pese a todo, el ritmo no cesaba ni un ápice. Las ratas, atraídas por el tufo sudoriento de aquellas carnes pútridas que se llagaban, comenzaron a surgir de entre las alcantarillas y a conquistar paredes, esquinas y rincones, listas para morder al primer insensato que detuviese la marcha. Pero nadie lo hacía. La danza se había convertido en un carrusel macabro de cuerpos que no comía, ni orinaba, ni gritaba: solo bailaba. *Primero un pie, luego otro y pequeña vuelta.*

Al cabo de los días, los treinta y cuatro campesinos de Estrasburgo murieron de deshidratación. Cayeron uno a uno convertidos en cadáveres, con los pies tan desgastados que apenas eran muñones sangrantes. Desde entonces, se dice que, si caminas por las calles de Estrasburgo en la noche, aún puedes escuchar el réquiem de sus pasos combinados: *primero un pie, luego otro y pequeña vuelta.* Aún hoy no hay una explicación demasiado consensuada de qué sucedió allí. Algunos llaman a este fenómeno «coreomanía»; otros piensan que fueron poseídos por extraños espíritus. La única realidad es que el baile los exterminó en masa: la empatía llevada al extremo los asesinó. Sin duda, la compañía sin límites y ejercida acríticamente puede desencadenar terribles consecuencias.

Cuando me diagnosticaron cáncer por primera vez, todo el mundo que había conocido volvió sus neuronas espejo hacia mí y me brindaron su compañía y sus palabras de consuelo sin medida. Ahí fue cuando aprendí que el amor puede ahogar. Súbitamente mi identidad se vio disuelta en un abrazo continuo que no me dejaba espacio para comprender qué necesitaba o qué estaba ocurriendo. Las circunstancias eran tan trágicas que no podíamos pensar, solo podíamos huir hacia adelante. Así que todos huimos dándonos las manos tan apretadas que nos cortamos la circulación. Iniciamos un baile trágico con el destino: *primero un pie, luego otro y pequeña vuelta.*

El diagnóstico oncológico posiciona a la persona enferma en un papel concreto: el de heroína trágica de la trama. Es un papel asignado que conlleva una serie de máximas que personas de tu alrededor no van a parar de verbalizar: «Eres fuerte», «Qué valiente», «Te admiro», «Vas a poder con todo», «Ha ocurrido esto por algún mensaje que te envía la vida», «Yo en tu lugar no podría hacerlo». Sin más dejas atrás toda tu vida, tus logros y tus decisiones, y comienzas a encarnar el estereotipo calvo de algo que la sociedad ha romantizado: la lucha contra el cáncer. Porque el cáncer es algo que se combate como si fueras un militar con la metralleta en ristre, y no algo que se padece como un calvario doloroso.

Ante el miedo, la actividad continua e incesante, la romantización y el grito bélico de las armas son la única respuesta. No importa que el enemigo sea tu propio cuerpo y que, en realidad, no hayas decidido activamente si quieres participar o no en la contienda: tu capacidad de resistencia, de seguir ahí pese al dolor y al sufrimiento, te enaltece y debes callarte y aceptarlo. Comienzas a danzar: *un pie, luego el otro, media vuelta.* Inevitablemente te dejas llevar por el ritmo que otros marcan.

Ya lo enseñó la cultura cristiana: el padecimiento y el dolor son un camino de virtud y un mensaje en sí mismo. Con el cáncer se inicia tu propio vía crucis redentor. No hay nada más aplaudible a ojos ajenos que soportar el dolor en silencio y con estoicismo. Solo hay que caminar por las calles de Sevilla durante Semana Santa para percatarse de ello. Nos vemos envueltos en una cultura que avala el sufrimiento, pero condena la queja; que sacraliza la muerte, pero teme hablar de ella; que convierte la vida en una lucha campal y no en una elección activa y deseada. Pero, ante todo, en una cultura que mira con vergüenza la enfermedad y, por tanto, el dolor debe combatirse en vez de comprenderse: *primero un pie, luego otro y pequeña vuelta.*

A finales de mayo de 2022 recibí una carta de mi querida amiga Marina que me sobrecogió de forma inesperada. En el cuerpo central de la misiva confesaba lo siguiente:

> Me sabe fatal lo que te voy a contar de mí, pero es mi realidad. Estoy en tratamiento psiquiátrico y psicológico. Hace un par de semanas empezó a pasarse por mi cabeza la idea del suicidio. En más de una ocasión me sentí tentada de llevar a Ángela con mi madre para que la llevase al cole como cada día, esperar a que Alberto se fuese a trabajar y volver a casa en lugar de ir al trabajo, coger el lorazepam y acabar con todo de una vez. Entendí por qué la gente se quita la vida a pesar de tener todo, el sufrimiento interior es tan grande que no se soporta. Es como estar constantemente frente a un dementor: no te queda nada feliz en lo que pensar, ni la familia, ni los propios hijos. Hay días que no

tengo motivación por nada en la vida y me gustaría no tener que salir de casa ni ver a nadie.

Se me hace muy injusto contarte esto: mientras tú intentas sobrevivir, yo intento quitarme la vida. Tengo mucho miedo, Anabé. Estoy muy asustada.

La carta finaliza con un «Te quiero, hermana» y la firma de Marina, que se estampa redonda, grande, familiar, como dos abrazos que se extienden pidiendo ayuda a gritos.

Cuando terminé de leer aquel papel me sentí mal y un sentimiento de tristeza me inundó por completo. También sentí una profunda ola de comprensión. Mi amiga relataba, además, que aquello que me confesaba por escrito apenas podía expresarlo a nadie de su alrededor porque temía sentirse juzgada e incomprendida. La soledad era lo único palpable en su cotidianidad. Los demás la culpaban de su enfermedad y la instaban a continuar con su rutina, a dejar de sentirse así, como si la depresión fuese cuestión de actitud y elección.

A priori, podría parecer que el cáncer y el suicidio no tienen nada en común, pero esto es un presupuesto claramente erróneo. Marina y yo vivimos dos enfermedades con una misma génesis: nos matamos a nosotras mismas.

El cáncer es una enfermedad autoinmune. En él varias células, debido a factores muy diversos y aún no demasiado conocidos, comienzan a multiplicarse de forma descontrolada hasta que forman masas que amenazan las distintas estructuras del cuerpo. No son agentes externos como bacterias, virus o algún arma de destrucción, no. Son mis propias células. Las mismas células que me hacen respirar, disfrutar del sexo, reconocer el gusto por la comida o que bombee mi corazón día tras día. Esas mismas células también quieren matarme desde dentro, y a paso lento pero constante, produciendo dolor y destrucción allá donde están. Dentro de mi cuerpo habita la fuerza abismal de un tornado que se devora a sí mismo con un hambre insaciable.

Soy aplaudida por resistir. Más aún, me tildan de valiente, de heroína, de campeona y de luchadora por padecer la enfermedad. Me pregunto si algunas de las personas que pronuncian alegremente todos esos adjetivos saben realmente que me estoy matando de una manera extraña, lenta y silenciosa. El cáncer es el suicidio más raro que existe, un suicidio desgarrador que desgasta las entrañas como un parásito. ¿Culparía alguien a otra persona de padecer cáncer? Quizá algunos se escuden en que yo no lo elegí. La realidad es que Marina tampoco eligió su enfermedad.

Cuando nos pienso, solo veo a dos amigas que se abrazan en la enfermedad intentando consolarse mutuamente. Ambas queremos sobrevivir al terrible tsunami que nos destruye, y también al de los estereotipos que nos aíslan. Ambas queremos entender por qué nuestros cuerpos nos llevan al borde del colapso, y clamamos porque la parte consciente y sana de nosotras sobreviva superando el dolor de la mejor manera posible. Ambas buscamos nuestra identidad en mitad de un proceso que se esfuerza en invisibilizarnos a costa de tipificar una imagen concreta de algo que nos resulta ajeno: yo soy la heroína persistente, ella, la fracasada derrotada.

¿Quién estableció la jerarquía del dolor en el padecimiento?

Aún hoy me llega otra carta. Marina ha comenzado una danza extraña. El dinero para las sesiones de psicólogo y psiquiatra privado no es eterno. Debe reincorporarse a la vida de nuevo.

Ya se sabe, no hay espacio para el cuidado cuando apremia el hambre. Solo un camino es posible para ella ahora: debe mantener el ritmo que le marca la sociedad, a nadie le importa si esos pasos la ahogan o matan. *Primero un pie, luego otro y pequeña vuelta.*

Esta vez no sé qué responder. La sensación de injusticia me enfada. La falta de recursos médicos públicos en el sector mental la ha dejado sin opciones. La educación social ineficiente y la falta de valores la han silenciado. Todo el sistema le ha fallado a Marina, quizá yo también. *Primero un pie, luego otro y pequeña vuelta.*

Le escribo para decirle que la quiero y le pregunto qué necesita. Ofrezco mis oídos, ofrezco mi tiempo, ofrezco espacio y, sobre todo, ofrezco comprensión. Sin embargo, nunca es tan fácil. Hay un sentimiento puntiagudo y molesto que me insta a hacer más, a responsabilizarme, a ofrecer consejos no pedidos, a correr y a tapar los agujeros que dejan expuestas las balas del dolor. Pero intento no seguir el puto patrón. Entonces me hago cargo, tomo toda mi preocupación y mis sensaciones, me digo que esos nuevos sentimientos en mí son normales. Aquí estoy: preparada para escuchar, dispuesta a la información. He agudizado los oídos, he abierto la frontera de pensamiento. Soy un verbo copulativo en su máximo esplendor.

Marina, también mi propio paso por la enfermedad, me ha enseñado aspectos dolorosos de la convivencia. Las palabras de ánimo mal elegidas, los clichés o el desconocimiento pueden aislar al enfermo y hacerlo sentir ahogado en su propio entorno. Una suma de buenas intenciones no basta para saber acompañar en la enfermedad.

El cáncer y la depresión no son universales. Cada uno de

nosotros somos un pequeño conjunto de historias, necesidades y personalidad propias. Reducirnos a un constructo maniqueo es cruel. Quien quiera danzar con nosotras debe conocer el ritmo que necesitamos, porque la empatía mal ejecutada puede ser tan mortal como un baile que no acaba nunca: *primero un pie, luego otro, cierre final.*

Oración a san Judas Tadeo

Patrón de las causas perdidas
Querido san Judas, señor de los casos difíciles, requiero tu bondadosa ayuda.
El mal se esparce y pido protección para no ser su presa.
Mi salud se tambalea en estos momentos. Permite, Santísimo, conservar la estabilidad.
Tengo miedo de que mi cuerpo enferme, temo por mi salud mental y espiritual.
Te pido que fortalezcas mi confianza y alejes el miedo de mi ser.
Quiero ser sano, sano físicamente, para poder ser pleno en mí andar.
Quiero ser sano, sano mentalmente, para estar en plenitud y que mis ideas puedan beneficiar a mis hermanos.
Quiero ser sano, sano espiritualmente, para ser un foco de luz entre la oscuridad.
Ayúdame, a cambio, yo te prometo ser fiel devoto de tu causa. Levantarme y tener presente en mi pensamiento tu misericordia.
Aleja las enfermedades desconocidas, aquellas que son causadas por envidias, mal de ojo o brujería. Sana todo mi ser, desde la partícula más pequeña de mi ser
hasta la más grande.
Este día me entrego a ti, este día soy fiel a tu fe. Dejo mis miedos en el suelo y te doy plena confianza.
Gracias, Santísimo Patrono san Judas por escuchar mi ruego.
Gracias por permitirme ser tu fiel devoto.
Gracias por sanarme.
Amén.

La fe ajena

—No te rías de mí, pero mi fe, discúlpame, Numa, no está en tu Dios. Ese Dios me dice lo que tengo que hacer en mi casa, pero no me dice lo que tengo que hacer en la montaña. Lo que está pasando acá no se puede ver con los ojos de antes. Numa, este es mi cielo y yo creo en otro Dios. Creo en el Dios que tiene Roberto en la cabeza cuando viene a curarme las heridas, en el Dios que tiene Nando en las piernas para salir a caminar sin condiciones, creo en las manos de Daniel cuando corta la carne y Fito cuando la reparte sin decirnos a qué amigo perteneció y así podérnosla comer sin tener que recordar su mirada. Yo creo en ese Dios, Creo en Roberto, en Nando, en Daniel, en Fito y en los amigos muertos.

La sociedad de la nieve

Crecí en un colegio de monjas en el que me presentaban a un hijo divino y piadoso que murió para salvarnos; aún no tengo claro de qué. Crecí en un colegio religioso que enseñaba sobre la entrega absoluta de María, madre de Dios, que vio a su hijo morir sufriendo en la cruz. Así lo dispuso el Padre, decían. Él tiene un plan, decían. Aprendí, por tanto, que el dolor y la crueldad son el signo con el que los dioses señalan sobre la frente. Y quizá por eso me enfadé irremediablemente con el mismísimo Señor el día que, a mis veintiséis años, fui marcada con la huella del cáncer.

—¿Por qué, joder? ¿Por qué? ¿Qué padre pondría la miel en la boca del hijo para más tarde arrebatarle no solo la ambrosía, sino la lengua, la boca, los dientes de cuajo? ¿Cómo podría nadie sacrificar a un ser mismo nacido de sus entrañas entre clavos e injusticias? ¿Quién daría a su hijo carne para la llaga y la dolencia?

Solo un necio sería capaz de encontrar sabiduría en el camino de la aflicción y el dolor. Solo un necio o un pobre que no tuviese más posibilidad de consuelo, entiendo.

Aquella enseñanza que estructuró mi forma de ser me hostigó durante mi enfermedad. En los muchos días que me encontraba enclaustrada sobre una cama de hospital pensé mil veces en qué motivó a Dios, si existía, a castigarme. Intentaba descubrirme como una persona merecedora del cáncer. Me interrogué acerca de si debía entender esa maldita tortura como una forma de purgar mis malas acciones. Pero, sobre todo, pensé en por qué Dios mortificaba a mi madre, arrebatándole aquello que más amaba en el mundo a pedazos y lentamente, dejando un camino de consecuencias a su paso.

Mi madre, anclada a mi vera, llorando en silencio cual dolorosa, era la viva imagen de la Virgen. Solo un aspecto las diferenciaba: Mercedes no estaba dispuesta a dejarme ni entregarme a ningún dios ni humanidad; desgarraría con las uñas a cualquiera que se atreviese a reclamarme de la vida. No había ser celestial capacitado para mirar directamente a los ojos a mi madre y pedirle que entregase nada. Una vida proletaria y nacida bajo el patriarcado había sido esfuerzo más que suficiente. «¡Ya basta!», decían aquellas pupilas negras.

Entonces comprendí dos cosas: o bien Dios no existía, o si existía, era una voz narrativa masculina, creada para los hombres que veían en el sacrificio ajeno algo heroico.

Las madres en nuestra cultura han estado silenciadas, escondidas en el último rincón del reino, asumiendo las cargas sin reconocimiento alguno. Ninguna de ellas daría la vida de su criatura por fe, como una llamada de atención necesaria para que otros le rindieran culto. Al menos, no la mía, y por eso era superior a cualquier divinidad.

Mamá era magnánima y divina cada vez que, en la noche, mientras me arropaba la cabeza calva entre sus manos para que pudiese sentir su calor, me susurraba: «Cada día pido, pequeña mía, que me cambien por ti. Ser yo la enferma y librarte de esto. Daría cualquier cosa por saber que estás bien, daría mi cuerpo, mi vida, todo lo que tengo. Solo deseo que vivas sin dolor». Y sin ningún prestigio, sin necesidades de ovación, se quedaba allí, abrazándome en la noche, sobre un sillón azul, tieso y roído. Mercedes permanecía en calma, anónima y humilde.

La duda, la crítica y la vivencia fueron resquebrajando las pocas creencias que alguna vez albergué, haciendo crecer una brecha irreparable entre cualquier ídolo y yo. No obstante, sin pretenderlo, a mi alrededor comenzaron a surgir todo tipo de manifestaciones y ritos.

Mis tías peregrinaban hasta las iglesias para traer campanas de plata con las que pedir salud a los ángeles. Mi prima encendía velas cada martes para rezarle a santa Marta. Mi amiga ofrecía bellos altares de flores a Hécate a cambio de mi recuperación. Las vecinas fueron a misa, trajeron sudarios a mi puerta y los colgaron sobre mi cama los días en que vomitaba tras la quimioterapia. Mis seres queridos hicieron promesas para conseguir el favor de los dioses; llegó a no importar cuál. Recibí mensajes de desconocidos a través de Instagram que hacían oraciones en mi nombre. Una mujer musulmana, acompañante de un paciente del hospital, me besó la frente y me dio la bendición de Alá para mi recuperación. Me fueron confiadas centenares de estampitas de todo tipo de santos para que me acompañasen cada día y en los momentos difíciles. Me ungieron la piel con aceite bendecido —de no recuerdo dónde—. Me enviaron canciones de ánimo, alguna carta con amuletos de la suerte y me regalaron la pulsera de una hermandad cofrade de Sevilla.

De repente, de alguna forma inesperada y extraña, me había convertido en un ser que cosechaba oraciones ajenas y las almacenaba como si de una vasija se tratase. Si existía algo parecido a convertirse en una santa, el Google Maps divino debía tener una gran señal roja sobre mi cabeza.

Confieso que al principio aquellos gestos me resultaron vanos, incluso diría que patéticos. Estaba enfadada con el destino, la suerte o Dios por haberme fallado y me negaba a pedirle nada más. No podía parar de pensar que aquel juego era extraño: todos imploraban la salvación a quien también me había condenado, o así lo percibía yo.

Sin embargo, no tardé demasiado en comprender que estaba focalizando mal mis creencias. Con el paso del tiempo y la compañía, pude apreciar cuánto poder alberga la verdadera esperanza, cómo mueve el mundo y cuán capaz es de generar consuelo y comunidad. Todas aquellas personas que apenas tenían nada que entregarme más que unas palabras, me concedieron lo más valioso que tenían: su tiempo, su pensamiento, sus deseos. ¿Cómo no ponderar aquellos gestos? ¿Cómo no saber que todos ellos me engendraron fuerza? ¿Cómo no agradecer aquella muestra de ilusión que se me era confiada cada vez que, en cualquiera de todas aquellas religiones, alguien posaba su sentimiento sobre mí y encendía una vela?

Puede que no creyese en Dios, en ninguno de los que me presentaban, pero sí aprendí a creer en la voluntad y el amor de las personas que me rodeaban: el personal médico y de enfermería, los auxiliares, los limpiadores, la familia, los amigos, los vecinos y los compañeros de trabajo. El tiempo, el esfuerzo y la dedicación que vi en aquellos días me hicieron ser consciente de la bondad que reside en el ser humano. Y esa era mi única fe.

Las iglesias, las oraciones, las velas, los sudarios, los libros nacen de la necesidad de mantener la esperanza de algún modo; todos nos entregamos a ella en momentos de desgracia. Todos necesitamos un pequeño consuelo divino cuando las circunstancias de la mortalidad nos acechan.

Confieso que hace mucho que me despedí de las certezas. Tampoco tengo una fe definida —desde luego, no ninguna que esté institucionalizada—, pero he conocido de cerca lo que significan las palabras comunidad, reunión y compañía. Ahora valoro esa pequeña magia existente que hace que una madre dolida y rota pueda, quizá, decir una oración, abrazar una piedra o untar un aceite que la consuele y le dé un pequeño atisbo de fuerza para mirar a su hija enferma con un poco menos de angustia.

Después de todo, ¿no es la magia, la fe o la poesía la capacidad de exorcizar con la palabra y el gesto? ¿Cómo no creer en eso?

Yo creo. Sí creo. Yo creo en las hadas.

EVOLUCIÓN:

Acude a valoración de proseguir tto esquema MAP ciclo WEEK 33

PLAN DE ACTUACIÓN:

Ingreso para tto Qt

La anciana

Hoy lo sabemos:
crujirán nuestros huesos
cada vez que crezcamos;
con fiebre y a estirones se escribe algún poema.

ESTHER GARBONI

Se me acusa de valiente constantemente, pero no me veo reflejada en esa palabra. En realidad, tengo miedo todo el tiempo y vivo en una incansable renuncia en favor de seguir existiendo. ¿Acaso es la valentía una postura irremediable, producto exclusivo del no tener opción? De ser así, no tiene nada de épico, eso creo.

Ahora que escribo esto mirando mi reflejo sobre el cristal de la ventana, me percato de lo poco que me (re)conozco a mí misma. Añoro mi pelo, pestañas, belleza, juventud..., no solo como un reclamo estético, sino como una oda a la inocencia y la vitalidad perdidas.

A veces siento que conozco demasiado de cerca la posibilidad de la muerte, y desprenderme de destrezas se ha vuelto algo tan cotidiano que me abruma. Por ejemplo, he olvidado cuándo fue la última vez que respiré de verdad una bocanada de aire fresco o dormí sin sentir desértica la garganta, sin sentir abultado y doloroso el paladar. He olvidado cómo abrir los ojos sin forzar los párpados manualmente, con el empeine de los dedos, dejándome sorprender por la simple luz de la mañana.

El cáncer me ha impuesto una dura capa de vejez en las entrañas y, con ello, esta resistencia anciana de quien sabe que vence adaptando el cuerpo. Tengo más en común con mi abuela muerta en sus últimos años de vida que con muchas personas de mi misma generación. Y es que, aun teniendo el rostro firme, ¿puede llamarse juventud a una existencia repleta de llagas?

Pero no solo quiero conformarme. Desisto también de la senectud, pues, pese a esta cara oxidada, sigue latiendo bajo el pecho un colibrí exhausto que siempre emprende el vuelo errático, deseoso e inesperado. Me sé aún vital, aunque confundida.

¡Qué difícil la existencia de una anciana con el corazón de un pájaro y el rostro de un enemigo! Qué remedio queda sino dominar esta existencia ingrata y lábil que me ha tocado sortear.

No, no soy valiente. Quizá sí evolutiva, lo suficientemente inteligente e insensata para apreciar la vida más allá de los bordes que me dibujan las circunstancias.

Juls:

Hola!!

Soy Julia, la hermana de Nami/María. Recibes este mensaje como una invitación magnífica a su fiesta de cumpleaños. ¿Crees que podrás venir?

A un olmo seco

Ninguna pasión es sin conflicto.

Sara Torres

Como ya había pasado en otras ocasiones, el tiempo se plegó sobre sí mismo un solo segundo, y entonces Antonio Machado, Lord Voldemort y yo confluimos en el mismo espacio: una fiesta de cumpleaños.

En 1912 se publicaba *Campos de Castilla*, una obra escrita por Antonio Machado que recogía el poema «A un olmo seco»:

Al olmo viejo, hendido por el rayo
y en su mitad podrido,
con las lluvias de abril y el sol de mayo
algunas hojas verdes le han salido.

En la composición, el poeta, admirando las posibilidades de un olmo casi moribundo y podrido, espera que regrese la primavera. Se dice que lo escribió pensando en su jovencísima mujer, Leonor, que estaba muy enferma por aquel entonces. Machado ansiaba que su tierna esposa renaciera de sus cenizas y volviese a florecer de nuevo, pero aquello nunca ocurrió.

Muchas dudas acuden a mi cabeza desde que conozco esa historia: ¿cómo acompañó Machado a su mujer en aquellos días? ¿Le sirvió la cena? ¿Alivió sus callos? ¿Peinó sus cabellos? ¿Le lavó las bragas cuando se cagó encima?

Nadie, cuando piensa en el amor idílico, se pregunta si está dispuesto a limpiar el culo de su amante. Son otras cosas de las que hablan los poemas de entrega absoluta. Son otras virtudes las que estamos dispuestos a valorar cuando nos atraviesa el amor.

Ahora que estoy enferma leo estas líneas desde la perspectiva de Leonor, sabiendo ya los surcos que deja la muerte en su paso por el cuerpo, y me pregunto cómo debió sentirse aquella muchacha cuando se supo comparada con un viejo árbol seco y a punto de desistir. ¿Seré yo también contemplada desde esa perspectiva? ¿Soy un olmo seco a punto de ceder?

En abril de 2022, una de mis amigas de la infancia cumplía treinta años. Su familia quería reunirnos a todos: primos, tíos y amigos en una fiesta peculiar donde cada uno de los invitados debía encarnar a un personaje del universo de *Harry Potter*. Ansiosa por olvidar durante apenas un rato mi situación, confirmé mi participación.

El tratamiento me concibió el mejor disfraz posible: calva, con la cara deformada y la voz gangosa por el cansancio, era perfecta para encarnar a Lord Voldemort. En concreto, me divertía el Voldemort parasitario de la primera película, ya que se incrustaba en la cabeza del profesor Quirrell, como el tumor lo hacía en mi propia cara.

Así pues, cargada de ironía, dolor y radiación, asistí al aniversario de mi amiga como todo un villano alopécico y despampanante.

Las celebraciones sobre el tiempo y la vida cobran especial relevancia cuando has sido diagnosticada de cáncer. Un cumpleaños es algo irrevocable, debes ir, o eso me decía yo, probablemente por miedo a no tener nunca más edad de la que tenía entonces. Quizá porque temblaba ante la idea de no llegar a mi propia celebración, ya que para mí cumplir años se había convertido en una auténtica caza de unicornios.

No recuerdo exactamente cuántas personas asistieron al evento, pero me deslumbraba el cariño con que todas ellas habían preparado los disfraces al detalle: McGonagall, Rita Skeeter, Nick Casi Decapitado, Ojoloco Moody, Hermione, Hagrid, Tom Riddle, Rowena Ravenclaw. Todos querían impresionar a Nami y envolverla en su capa invisible para celebrar un encuentro cálido e inolvidable.

El patio de la casa familiar había sido decorado con los cuatro estandartes de Hogwarts sobre las paredes. En el centro, organizando la sala, se encontraba una mesa rectangular repleta de pasteles caseros y bebidas refrescantes sobre las que orbitaban los invitados.

Entre aquellas caras pintadas por maquillaje más o menos bien resuelto, mi aspecto pasaba desapercibido. Me gustaba volver a ser parte de la prole sin despertar miradas de pena a mi alrededor. De alguna manera poética, estaba defecando sobre la realidad del cáncer y haciendo mi propia bufa de ello.

Pasaban las horas en aquel ancho patio, rodeada de brujas que me abrazaban y cuidaban, cuando de repente me topé con los ojos marrones de alguien que llamó mi atención: Viktor Krum.

Quizá no te hayas leído los libros de *Harry Potter*, entonces te diré que Viktor es un personaje pasajero en las obras, pero que a la Anabé adolescente marcó especialmente, puede que por su belleza, y quizá también por la relación que establecía con Hermione. Se trataba de un amor adolescente, hormonal e iniciático.

En la fiesta de cumpleaños de mi amiga, un chico disfrazado de Krum era deseado ansiosamente por mí, la enferma de cáncer. Por supuesto, él nunca lo sabría, apenas era un motivo invisible a sus ojos. ¿Qué tendría que aportar mi cuerpo herido a alguien con toda una vida despreocupada por delante? Me quedaba al menos soñar, allí, entre disfraces y máscaras, lo que podría haber sido mi vida si hubiese estado sana, con pelo y con derecho a seducir.

Durante la fiesta, ambos, cada uno desde una esquina opuesta del patio, nos ignorábamos fielmente. No nos dirigimos la palabra en ningún momento, a excepción de la noche, cuando todos nos sentamos en círculo a conversar unos con otros y Viktor se colocó casualmente frente a mí. Recuerdo sus únicas palabras con precisión: «Me encanta tu turbante». Poco después, la fiesta había finalizado.

En mi mente aún perdura la memoria de llegar a casa y masturbarme pensando en aquel chico del todo inaccesible para mí. Mis dedos trotaban sobre el clítoris con la misma urgencia con que la vida me apabullaba.

Mis frenéticos veintiséis años se resistían a rendirse frente a la inanición del cuerpo enfermo y torturado, y apostaban en aquel acto por el gozo y el disfrute de la carne en mitad del caos. ¿Tenía derecho yo, compañera de la muerte, de aspirar al sexo, la pasión o la lujuria? Por supuesto que no.

La seducción, el reconocimiento del otro o el deseo son emociones ajenas a los diagnosticados de cáncer. Pasamos a ser admirados como luchadores sombríos y solitarios, cuya única misión es resistir en mitad del dolor y la pena, como si del Cristo de alguna procesión de Semana Santa se tratase. La sexualidad es algo extinto en nuestra causa.

Pocos días después, y por cuestión de azar, volví a encontrarme con Viktor Krum. Sin disfraz y con un atuendo más ordinario, todo el mundo lo llamaba Luis. Aquel encuentro casual me escocía como una aguja hincada sobre el dedo. La inesperada cita fue breve, y ansiaba que aquella despedida fuese para mí una ceremonia, un luto por aquel amor que nunca tendría una oportunidad siquiera de nacer.

Sin embargo, Luis volvió a aparecer, poco tiempo después, mediante las redes sociales. Un día, sencillamente, comenzamos a seguirnos en Instagram y a enviarnos mensajes:

Uno de vez en cuando.

Uno cada día.

Uno cada noche.

Uno detrás de otro,

sin poder parar.

Luis se convirtió, de forma inesperada, en un extraño al otro lado del teléfono con el que hablaba de mi mundo interior.

Teníamos mucho en común. Sin embargo, nunca me permití desvirtualizarlo del todo, pensar en él o ir más allá de un mero juego para entretenerme entre mis quimios.

Dentro de aquella red que ambos tejimos, Anabel era lectora, poeta, intensa y amigable. En la vida real, estaba calva, machacada y recibiendo quimioterapia ingresada en un hospital porque un tumor le consumía el rostro.

Pensé entonces que una persona hecha de retales de supervivencia no tenía capacidad de amar. A esas alturas de mi existencia, había aceptado el dolor de la soledad, pero no quería exponerme a la vulnerabilidad de la pena. Me angustiaba que Luis me mirase con la tristeza clavada en los ojos y que la desesperanza o la condescendencia cubriera nuestras conversaciones. No quería ser el olmo seco de nadie; ya caminaba con demasiadas metáforas ajenas a cuestas.

¿Estaba juzgando a Luis erróneamente? ¿Puede el deseo desatarse desde los lugares adversos del conflicto vital? La mayoría de los hombres que conocí estarían dispuestos a recibir una bala, tirarse para cubrir una bomba y morir instantáneamente, o alardear toda la vida de ello. Sin embargo, ante el cuerpo ajeno necesitado, irrumpido por la cicatriz, las babas, las heces o el cansancio, la mayoría de ellos saldrían corriendo. Supongo que es más fácil aceptar un dolor finito pero lleno de gloria que una adversidad prolongada y poco agradecida.

Pasaron muchas semanas de conversación hasta que me decidí a tomar un café a solas con aquel chico. Nuestro primer encuentro se dio de forma natural. Un café en un bar una tarde cualquiera. Y para mi sorpresa, descubrí deseo, pasión, ganas y mucho interés detrás de aquellos ojos grandes y oscuros. Luis no parecía tener la mirada taciturna de Machado, aquello me pilló desprevenida. Yo tenía en mí primavera y tormenta, y él quería explorar todas las opciones.

Pero no todo sería tan sencillo. Había muchas barreras que superar. Conforme nuestra historia avanzaba, llegaron pruebas difíciles en cada cita: el sexo y la desnudez, los planes, las visitas en el hospital, la supervivencia, el miedo, los vómitos y pinchazos, la creencia en el futuro, el apoyo y los cuidados, la tristeza, los lloros, las llagas, y también la felicidad. Todos ellos supusieron un reto, una duda y un aprendizaje para ambos. Nuestra relación era una prueba continua de exigencias en todos los ámbitos posibles de la vida.

Las circunstancias de la enfermedad nos situaban casi al borde del precipicio en cada momento. Las cosas más simples se convertían en un reto olímpico. Necesariamente decidimos dejar atrás todo lo que habíamos conocido en cuanto a relaciones anteriores o emocionalidad, mitos y expectativas, y partimos de cero para descubrir nuestra propia definición del amor, de la compañía y el afecto.

Yo, que había renunciado al amor, a la posibilidad de ser deseada y a la existencia de una pareja, tuve que volver a permitirme un espacio en el pecho para la ilusión, la fantasía, el delirio o el ansia de morder carne bella, aunque tuviese en la mandíbula un tumor lleno de amenazas.

No fue un proceso fácil para ninguno de los dos, pero sí fue algo animal y verdaderamente auténtico. Hubo días en que la muerte amenazaba con separarnos y dormíamos con miedo a despertar sin el otro. Eso también es verdad, pero no lo fue todo.

Luis no fue un paréntesis ni un espejismo: fue continuidad. El amor, que tantas veces imaginé como un destello fugaz o una quimera adolescente, se volvió de pronto compañía real, presencia constante. Una certeza discreta que me recordaba, día tras día, que incluso en medio de la enfermedad puede brotar algo genuino y fértil. Nunca fui un olmo seco. Por eso me atrevo a reescribir los versos de Machado, librándolos de la rima y regalándoles otro ritmo, otra mirada, también para Leonor:

Mi corazón aprecia
también, hacia la luz y hacia la vida,
este milagro que eres
sin importar la primavera.

FARMACIA BELLIDO

Descripción Artículo	**Cantidad**	**P.V.P**	**Importe**
Durex Preservativos	1	12,81	12,81
Durex Naturals Pure	1	11,06	11,06

TOTAL	23,87
ENTREGA	25,00
DEVOLUCIÓN	01,13

Gracias por su visita

I.V.A incluido

El sexo

> No quería dejar de hablar de amor para hablar de postres. Solo quería dejar de hablar de amor para hacerlo.
>
> Cristina Peri Rossi

Quiero que leas esto: la gente diagnosticada con cáncer folla.

Como toda heroína patriarcal y cristiana, la mujer luchadora contra el cáncer es, ante todo, casta y sufrida. Con un turbante, mano en el pecho y semblante doloroso, bien podría ser la imagen de alguna María Auxiliadora del siglo XXI. Al menos esa es la imagen que más se repite en las redes sociales, también en el inventario popular.

Cuando fui diagnosticada con veintiséis años, me quedé sin referentes en muchos aspectos de la enfermedad. Muy pocas veces tenía respuestas acerca de la menstruación, la libido o la posibilidad de mantener relaciones sexuales. La unión del cáncer y el sexo siempre fue un tabú, pero ¿no es acaso el cuerpo lo que nos ha traído hasta aquí? Quizá sea entonces más importante que nunca sentirlo, gozarlo, llorarlo y quemarlo bajo todas las consecuencias de la existencia.

En los primeros meses de la valoración médica, el cuerpo se convierte en una metonimia. De repente, la suma de sus partes desaparece en pro de la masa asesina llamada osteosarcoma. Oyes a tu alrededor, desde médicos hasta seres queridos, menospreciar al resto de tu ser: «Bueno, pero el pelo no es importante», «Nadie va a fijarse en tu cara», «Las cicatrices desaparecerán», «¿Cómo vas a pensar en la hinchazón en medio de este proceso? La quemadura ya se curará».

Pierdes el derecho a tener cuerpo, a preocuparte por la apariencia, por la belleza, por la imagen que quieres comunicar, por cómo te quieres sentir. Nada de eso es relevante, es sumamente ridículo plantearlo siquiera. Al parecer, el cáncer te convierte en la mujer invisible de Los Cuatro Fantásticos, capaz de hacer desaparecer su entidad física por una lucha digna y férrea. Me temo que no es tan sencillo.

Debo enfrentarme a mí misma cada día. Afrontar esa nueva imagen que refleja el espejo por la mañana y también por la noche: una fotografía desconocida, turbia, que rezuma dolor y que todos leerán por encima de mí.

Habito un nuevo cuerpo tallado por la angustia, un cuerpo que me pertenece, pero no siento mío.

¿Cómo se folla desde un cuerpo ajeno? ¿Se tiene acceso al deseo o solo a la lástima? ¿Es posible el placer entre tanto melodrama? ¿Puedes gustar con semejante rastro de muerte a cuestas? Tengo derecho a hacerme estas preguntas.

¿Cómo no va a ser importante el cuerpo? ¡Qué blasfemia es esa! ¡Si hasta se comulga en misa en torno al dichoso cuerpo de un señor! ¿Por qué mi cuerpo no merece un ritual? ¿Por qué no nombrarlo? ¿Por qué no celebrar sus llagas y heridas, que son igualmente sagradas? Mi existencia es mi cuerpo, y si lo hacen desaparecer, una parte de mí muere con él. Mi cuerpo existe, es, está aquí.

Las primeras veces que volví a sentir deseo, negaba mi cuerpo. Llevaba demasiado tiempo desaparecido, era difícil volverlo a mostrar. Tenía un terrible miedo al rechazo.

Nunca había explorado la idea de tener sexo con pareja si estaba siendo tratada por mi cáncer. No quería que la lástima consumiera nuestra cama, ya que el hospital había consumido nuestra cotidianidad. Sentía que no podía o no tenía derecho a ser anhelada por alguien, porque lo único que se percibía de mí era el maldito bulto que tengo instalado en la mejilla.

Renuncié a los besos, las caricias, las pollas, el cunnilingus, el orgasmo, los abrazos, la penetración, el sexo anal, los pezones, los juegos, los mordiscos y, desde luego, a una parte de mí misma.

El cáncer me hizo jurar un voto de castidad y también uno de silencio ante la vida. Nadie me contó nunca lo contrario, nadie habló nunca de esto: cuando follo no hay disfraz posible. La peluca o los pañuelos, la gorra y el maquillaje, la ropa, los clichés y el disfraz de heroína quedan esparcidos por el suelo o el sofá.

Soy un cuerpo alopécico que ha ganado peso, que se ha vuelto blando y cansado. Un cuerpo al que le cuesta respirar, que ha visto mermada su sensibilidad. Sobre el pecho llevo, bajo la piel, un dispositivo conectado a mis venas; sobresale como un hierro extraño. Soy transparente como un cristal y suave como una primavera breve.

Puede que no cumpla el canon de lo sexy, pero mi imagen es poderosa. Soy un organismo con senos turgentes, clítoris hambriento y lengua voraz. Soy un cuerpo herido por la conciencia de la vida que busca otro cuerpo para gozar, y también un cuerpo que se rebela contra la soledad, el miedo y el hastío.

La gente diagnosticada de cáncer folla. Folla si desea, si le apetece, si quiere follar. Hablar de ello quizá te haga tomar ciertas medidas al respecto, conocer tu cuerpo desde otro ángulo o simplemente no sentirte un bicho raro. Estoy cansada de que se nos haga existir sin placer, en torno a una imagen errónea sobre lo que significa resistir o luchar. Follar es vivir, y reivindico el placer y el cuerpo; compartir el cuerpo para el placer y también para asumir el dolor, la pérdida, el cambio. Para poder resistir desde él sin tabúes.

Follar con cáncer es complicado, pero es posible y real si así lo eliges. Aunque se omita hablar de ello, o se mencione entre susurros y murmuraciones, como si se tratase de un delito.

Yo follo con placer, sin importar mi calva o mi cansancio, mi tumor o mi deformidad. A veces follo y lloro. Follo y me río. Follo y gimo, o me retuerzo como un caracol. Follo y soy comunión, soy la nueva yo, me descubro y me vuelvo carne.

Mi cuerpo resiste en la belleza de la vida, en el gemir hacia el otro con la desesperación de quien quiere sentirse orgánico.

A las puertas de la muerte, mi cuerpo alopécico se entrega con la desesperación del ahora y recibe cariño, comprensión y mucha sensualidad. Mi cuerpo existe en todo su esplendor, cabalgando desnudo sobre otro ser, extasiado de placer y de unión.

Existo y follo. No silenciéis mi cuerpo. No lo nombréis solo para la pena o el dolor. Mi cuerpo es mucho más. Mi cuerpo se entrega, goza, arde. Mi cuerpo existe y folla.

EVOLUCIÓN:

Paciente citada hoy para Qt pero ingresada por mucositis G3, requiriendo corticoides.

La pena

Comprender sin pensar.
Sentir sin agitarse.
Percibir sin juicio.
El juicio pesa demasiado
para aliviar la pena.
Entornar los ojos.
Ladear la cabeza.
Tendre l'oreille.
Descubrir en los propios huesos
el grito que es de todos.

Chantal Maillard

La enfermedad te enseña muchas cosas que no habías pedido aprender. Una de ellas es la forma en que los demás te miran. Hay miradas de amor, de miedo, de ternura…, y también hay otra, más dañina, más oscura: la de la pena.

Al principio no lo supe nombrar; solo sentía que me colocaban en un lugar donde no quería estar, como si me escondieran bajo un manto que me empequeñecía. Con el tiempo entendí que ese manto tenía un nombre: lástima.

Quiero decir, y digo, que de todos los procesos que viví durante el cáncer el que más me pesó fue la mirada ajena: la conmiseración, la lástima, la jodida pena.

La pena te sienta en una esquina y te borra; te viste con un traje ajeno que te roba la voz, y, lo peor de todo, es que una vez colocada ya no se quita nunca. He aprendido que quien te mira con pena lo hará para siempre. No importará si durante la enfermedad estudiaste una carrera, corriste una maratón, aprendiste un idioma, creaste una empresa, conociste el amor, te mudaste de país o ayudaste a alguien más: siempre serás la chica que a los 26 tuvo cáncer, la de la cara deformada, la que inspira lástima.

La pena no mira tus aristas ni tu complejidad; te reduce a un ser pasivo, marchitado por el golpe truncado del destino. Es un balcón desde el que te observan por encima del hombro, negándote la posibilidad de elegir, de crecer, de ser. La pena te convierte en una hoja seca arrastrada por el viento: frágil, insignificante, sin más.

La mirada de la pena mata. Mata porque simplifica, porque retuerce, porque hiere. Porque es siempre de reojo, siempre desde arriba, nunca de igual a igual.

He tardado mucho en comprender por qué escribo este libro. ¿Quería hablar del cáncer? ¿Quejarme, procesar, olvidar? No. En el fondo, lo que busco es librarme de esa pena que me aplasta y me quiebra. Porque la pena es un pozo donde una puede ahogarse irremediablemente si no aprende a escapar de él, si no aprende a nombrarse con sus propias palabras.

Este libro es mi hilo, la ruta con que busco salir del laberinto de la lástima. Un camino de migas, áspero y torcido, pero mío. Quizá, al dejarlo escrito, consiga arrancarme de encima esa mirada que me congela y pueda, por fin, devolverme a mí misma.

A mamá

(transcrito de una servilleta)

¡Cuando las cosas llegan a los centros, no hay quien las arranque!

FEDERICO GARCÍA LORCA

Mamá, me heredaste la alegría: material
genético evolucionado, yerba verde que crece
en la garganta, estrella norte,
capital del mapa corporal,
onomatopeya animal y
sistema fonológico
completo.

La brújula de tu genoma
siempre apunta: *cuando las cosas nacen en el*
centro,
no hay quien las arranque.

Las personas del verbo

Solo quiero deciros que estamos todos juntos.
A veces, al hablar, alguno olvida
su brazo sobre el mío,
y yo aunque esté callado doy las gracias,
porque hay paz en los cuerpos y en nosotros.
Quiero deciros cómo todos trajimos
nuestras vidas aquí, para contarlas.
Largamente, los unos a los otros
en el rincón hablamos, tantos meses!
que no sabemos bien, y en el recuerdo
el júbilo es igual a la tristeza.
Para nosotros el dolor es tierno.

JAIME GIL DE BIEDMA

Durante mucho tiempo he deseado que existiera alguien capaz de aliviar mi pesar durante la enfermedad. Ansiaba que existiese una persona capaz de absorber mi dolor, alguien o algo que pudiese depurarme de él.

Durante mucho tiempo pensé que solo alguien enfermo como yo podría comprender mi desdicha, así que pasé horas en grupos de apoyo con otros pacientes de cáncer en un intento de buscar consuelo y entendimiento.

Busqué incansablemente a mis iguales entre otros ingresados y no hallé más que vacío existencial y distancia con la vida cotidiana. Las enfermedades de otras personas no paliaban la mía.

Aquello solo me hundió más en el barro de la agonía. ¿Qué quedaba entonces? ¿No había redención posible? ¿Debía esta angustia vital, este enfado y dolor, anidar en mí y extinguirse con mi cuerpo?

Cuando la calamidad consume tu existencia, es fácil perderse en el juicio ajeno. Las continuas estancias en el hospital, la inmunodeficiencia y, por qué no decirlo, también la ansiedad me alejaban de la vida cotidiana que transcurría para el común de los mortales.

Viví una gran época desde la rabia, ajena a mi entorno, totalmente despersonalizada. Me convertí en la jueza de la vida de los demás y era ese tipo de persona que dictaminaba una y otra vez que la gente común tenía problemas ridículos e intrascendentes.

Me agriaba notablemente el carácter, viendo cómo fuera de la quinta planta las personas no parecían saber que iban a morir, o al menos no temían por ello. Hubo momentos en que la salud ajena me hacía daño por resultarme algo inalcanzable y prohibido. Me volví una persona huraña y relativista

Si los pacientes de mi misma condición no me proporcionaban consuelo, tampoco la gente sana. Estaba sola. Una tremenda capa de hielo y sombra se cernía entre mis seres queridos y yo. Recuerdo enfriarme tanto que olvidé llorar. El llanto se me quedó atascado en la garganta y los días se sucedieron en un automático perpetuo. No trataba mal a nadie, eso es cierto, tampoco me importaba nada. Apagué todo sistema sensible porque el miedo a sufrir era tan agudo que era mejor no habitar detrás de mis ojos.

Si me paro detenidamente a recordar, imágenes aisladas llegan a mi cabeza como en un álbum donde las fotografías están recortadas y fechadas, pero no hay movimiento ni sonido.

No siempre fue así, por suerte

Conforme pasaban las semanas, mi cuerpo y también mi mente se habituaron a la vivencia y eso restó tragedia a la cotidianidad. Tardé un poco más de tiempo en advertir que la conexión con los demás no vendría dada por la vivencia del cáncer en común, sino por el amor y la empatía que los otros ejercían hacia mí.

La voluntad y los cuidados siempre estuvieron presentes, pero no siempre supe apreciarlos. No es fácil rendirse a la dependencia o aceptar ayuda sin sentir que te invade la culpa por completo.

Ahora sé que tampoco fue fácil poner buena cara cuando me apagaba como una pequeña vela. Aquel esfuerzo que otras personas hacían por mí exigía cooperación: ellos intentaban ponerse en mi lugar, yo les debía indicar cómo hacerlo para que no resultase doloroso.

Hicimos un pacto inquebrantable entre cuidador y enfermo basado en la necesidad y el conocimiento mutuos, también en la paciencia. No nos unió el cáncer, nunca hizo falta —¡qué equivocada estaba!—, nos unieron el amor, el llanto, el dolor, la fuerza y la voluntad.

Mercedes, Juan Manuel, Marimer, Jesús, Margari, Pepe, Rosario, Vero, Amanda, Marga, José Antonio, Daniela, Luis, Julia, Virginia, Elena, Rosa, Laura, Quique, Ángel, Consolación, Vicente, Barri, Carmela, Ana, Josh, Maiquel, María, Miguel, Valeriano, Mateo, Chema, Fran, Antonio, Bea, María José, Dolores, Candela, Vicky, Paula, Israel, Dani, Marisela, Carlos, Joaquín, Blanca, Miriam, Isma, Lucía, Javier y un larguísimo etcétera difícil de enumerar.

Son solo algunas de las vidas que el cáncer que padecí tocó de cerca. Son mi familia, mis amigos, mis médicos o enfermeras. No necesitaron experimentar mis dolores o ansiedad para que viviesen su propia versión del miedo y de la angustia.

Tuve que aceptar que el cáncer no solo se vive en primera persona; afecta a un sujeto siempre plural.

Durante la enfermedad, todos comenzaron a funcionar como un único organismo unificado; cada uno tenía su función. Unos me cuidaron incansablemente hasta casi caer desfallecidos e incluso entregar su cuerpo. Otros me ofrecieron su tiempo, su coche, su espera y me llevaron a tratamiento una y otra y otra vez. Me llamaron por teléfono o gastaron su dinero en comprar incontables billetes de avión, tren, flores, cartas o teatro. Me traían comida, preguntaban por mí, ofrecían sus oraciones al cielo en que creían. Lavaban nuestra ropa, prepararon táperes, me visitaron.

Cada uno de ellos me tendió la mano en la forma que conocían y mantuvo la entereza mientras yo era incapaz de levantarme un centímetro de la cama o encontrar razones para seguir viva.

Me amaron, me abrazaron, tocaron mi hombro mil veces y, de manera tenaz, creyeron en un futuro que nadie podía asegurarles.

Cuando todo estaba perdido, buscaron solución donde no la había y se consolaron para no perderse en la oscuridad. También se contuvieron para que yo nunca viese una mala cara, un gesto torcido. Fueron un hogar al que volver, una muralla que me protegió y una viga para sostenerme.

No caeré en el terrible error de contaros su versión de la historia, eso sería cobarde. Me he esforzado durante páginas y páginas en alzar y construir mi propia voz; no podría ahora negarles la suya.

Sin embargo, qué agónico me resulta no dedicarle un pensamiento a contemplar por un momento su perspectiva. Qué necio sería no entender que, si bien yo padecí la enfermedad, nunca podré entender los otros ángulos desde los que el cáncer provoca pesar y suplicio.

Necesito dedicarle un pequeño espacio en blanco, un espacio para que imaginemos esa otra postura.

Me gustaría mencionar acaso el dolor de mi madre o mi padre, cuya hija moría entre sus manos. Mi hermana pequeña, que sintió la mirada de la muerte por primera vez sobre la nuca de su hermana. Mis tíos y tías o mis primas y primo, que crecieron junto a mí y, de repente, vieron cómo nuestras vidas se separaban, sin más. Cómo iba a entender yo lo que es perder a tu mejor amiga, la que llena tus recuerdos y tus anécdotas, tu compañera de trabajo o tu paciente. Cómo voy a entender yo lo que significa amar a alguien, enamorarse y construir una pareja, desear planes de futuro, hogar y familia en plena ola de extinción.

Yo no ejercí los cuidados. Yo siempre fui cuidada. Yo no agonicé lentamente con la pérdida de alguien a quien quería hasta el éxtasis. Yo solo tuve miedo a la existencia de la nada y jugué un papel sin opción a cambiar.

Pero ellos eligieron su destino de forma altruista, posando la mano sin pedir nada a cambio. Ellos conocieron los vértices del tormento y el calvario, y, pese a todo, continuaron allí, anclados a la esperanza y la alegría en mitad de un tifón.

Permitidme dedicarles al menos un pequeño pensamiento en estas líneas.

Alzarlos siquiera un poco desde detrás del escotillón donde la vida los esconde, porque merecen un aplauso. Y merecen, también, el nombre de un libro, un par de capítulos de anécdotas y un profundo respeto, porque no se les menciona lo suficiente.

EVOLUCIÓN:

Acude tras fin de tratamiento con esquema MAP (Qt). Masa localizada a nivel maxilar derecho, estable en tamaño respecto a estudios previos. Resto del estudio sin hallazgos patológicos significativos.

Panderetas

> Y lo que ha sido castigado no muere jamás.
>
> IRENE SOLÀ

Sobre la memoria, el sonido de un instante queda grabado como un resorte: el llanto de un bebé que nace, una bomba que explota a lo lejos, la canción que sonaba en el coche cuando ibas en verano con tu grupo de amigos a la playa, el gemido de un buen orgasmo, el videoclip que bailas a solas cuando nadie te ve, el primer concierto al que fuiste, las últimas palabras de tu abuela, un te quiero sobre los labios. Es cierto: la música ritualiza el instante.

El once de diciembre de dos mil veintidós estaba acabando un ciclo de quimioterapia. Hasta aquel día no teníamos muy claro si el tratamiento estaba consiguiendo acabar con el tumor. El tratamiento del cáncer es, en muchas ocasiones, un sacrificio ciego, un salto al vacío cuyo único motor es la esperanza o la desesperación. Después de más de un año de tratamientos agresivos, de combinación de químicos y también de radiación, estaba al borde del colapso. Un ciclo más no sería tolerado por mi cuerpo. Morir un poco para intentar vivir más años, ese es el trato que hice.

El once de diciembre de dos mil veintidós era el cincuenta y tres cumpleaños de mi padre. Era domingo, tenía enganchadas al pecho las máquinas y los cables y, cuando abrí los ojos, papá estaba allí, masajeándome los pies hinchados. Pensé en lo muy agradecida que estaba de tenerlo a mi lado, de poder vivir otro año más a su lado. Sé que él también lo pensó. Nos fundimos en un abrazo tremendo que así lo comunicó.

—¡Feliz cumpleaños, papá!

—Dios mío, hija, eres mi mayor regalo de cumpleaños—. El abrazo, la calidez, el llanto dolorido nos inundó mientras nos rodeábamos, incapaces de separarnos ni un instante.

En muchas salas de quimioterapia hay una campana que los pacientes tocan al terminar su último ciclo. TO-LONG, TO-LONG. El sonido retumba como promesa de vida, y todos aplauden, celebran, respiran. Ese metal anuncia la salvación, aunque sea por un tiempo.

En mi caso, no había campana. Mi tratamiento era distinto, demasiado largo, demasiado agresivo, siempre en la quinta planta. No había sillones blancos ni un rincón preparado para las despedidas. Solo habitaciones cerradas, goteros interminables, noches que se confundían con los días.

La ausencia de campana era como una condena silenciosa: nada marcaba el final. El tiempo se estiraba en un bucle sin eco, como si el sufrimiento no tuviese nunca término.

El once de diciembre de dos mil veintidós, la quinta planta zumbaba como de costumbre. La vida se iniciaba a las siete de la mañana. Las enfermeras repartían la medicación y los cuidados, los cuerpos enfermos desparramaban sus andares torpes por el pasillo corto y estrecho.

Sobre las nueve, llegaba el carro con los desayunos. Después, quizá un breve paseo por la habitación, lavar la cara, mirar el espejo, aceptar el rostro desgastado y seco de cada mañana. El olor a medicamento impregnaba cada rincón.

Yo esperaba los resultados de la analítica en la habitación para saber mis niveles de toxicidad en sangre. En este punto del tratamiento, mi cuerpo no conservaba tanta energía, estaba especialmente cansada. El abatimiento psíquico también había llegado. Aquel bucle era ya una condena repetida.

El once de diciembre de dos mil veintidós, papá, mis compañeras Beatriz, su madre, y yo esperábamos en la habitación las noticias del médico. No parecía posible el alta. Las horas se sucedían idénticas, a veces la charla paliaba un par de minutos; dormir era necesario para sobrellevar el dolor de huesos. Mi padre terminaba su tercer sudoku del día.

El once de diciembre de dos mil veintidós, el suero goteaba por mis venas. El once de diciembre de dos mil veintidós, el WhatsApp parpadeaba preguntando por mis resultados; no tenía ánimos para contestar. El once de diciembre de dos mil veintidós, los médicos atendían una urgencia que acababa de llegar a la planta; nadie sabía si el nuevo paciente sobreviviría.

El once de diciembre de dos mil veintidós, tomé mi pastilla para las náuseas. El once de diciembre de dos mil veintidós, Beatriz, mi compañera de diecinueve años, fingió ducharse para evitar verme llorar.

El once de diciembre de dos mil veintidós, dieron las 13.00 y también las 16.00 y las 20.00, y solo fue un número sobre la pantalla del reloj. El once de diciembre de dos mil veintidós, me cambiaron el suero de nuevo.

El once de diciembre de dos mil veintidós, al menos, seguía viva. La repetición puede ser una forma de resistencia.

El once de diciembre de dos mil veintidós, la noche entraba pálida por la ventana; el sonido de ambulancias se oía de fondo desde cualquier rincón. El once de diciembre de dos mil veintidós, la temperatura de la habitación era cálida; se notaba un ambiente cargado y la gente llevaba mascarillas a todas horas.

El once de diciembre de dos mil veintidós, dio las 20.00, como ya dije. El once de diciembre de dos mil veintidós, un grupo de enfermeras y auxiliares irrumpió en la habitación.

El once de diciembre de dos mil veintidós, la imagen fue espectacular: por una pequeña puerta, un gran número de profesionales se agolpaban: Pilar, Candelaria, María, Rosa, Adrián, Isidro, Belén, Teresa, Maite, Petra apelotonaban la puerta. Iban felices, cantando que me iba, que había, por fin, llegado el día.

El once de diciembre de dos mil veintidós, aquellas personas, ya amigas, ya queridas, se desplegaron por la estancia con globos en las manos, grabando con el teléfono móvil, riendo y tocando las palmas.

El once de diciembre de dos mil veintidós, me senté de golpe en la cama, enmudecida ante la sorpresa que me hicieron todas aquellas enfermas y enfermeros ¿Era aquello un sueño?

El once de diciembre de dos mil veintidós, alcé la cabeza para poder ver la pequeña pancarta que traían todos ellos. La habían dibujado a mano.

El once de diciembre de dos mil veintidós, la cartulina decía así:

NO TENEMOS CAMPANA, PERO SÍ TENEMOS PANDERETAS… ¡VETE HACIENDO RUIDO! ¡Y NO VUELVAS! :)

El once de diciembre de dos mil veintidós, me regalaron dos pequeñas panderetas infantiles, de plástico, una verde y otra azul, del tamaño de una palma.

El once de diciembre de dos mil veintidós, la sala entera se silenció, expectante. Y entonces sucedió: alcé los brazos todo lo que pude y moví los brazos con el ímpetu de quién mueve una bandera de paz.

El once de diciembre de dos mil veintidós, el sonido de las panderetas inundó por completo la habitación. Se oyó:

PsSssTt, PssssTt,

PsSsSTt,

El once de diciembre de dos mil veintidós, salí del infierno.

El once de diciembre de dos mil veintidós, era el cincuenta y tres cumpleaños de mi padre y ambos lloramos a lágrima viva mientras sonaban las panderetas porque fue mi última sesión de quimioterapia.

19.12

12 llamadas perdidas

WhatsA... 324 mensajes de 51 c... ahora

Elena:

ENHORABUE...

Juls:

¡TE QUIERO TANTO!!!! ¡POR...

Virgi:

¡Solo tú podías lograrlo! ¡Te quiero...

Vero:

¿Cuándo lo celebramos bonita? EST... **y más.**

SEGUNDA PARTE

¿PARA QUÉ?

INFORME PSICOLÓGICO

DIAGNÓSTICO

F43. Trastorno por estrés postraumático (TEPT-C) [309.81]
F40.01 Trastorno de angustia con agorafobia [300.21]
F33.2 Trastorno depresivo mayor [296.33]
F42. Trastorno obsesivo-compulsivo [300.3]

Caleidoscopio

> Porque no se pasa de lo posible a lo real,
> sino de lo imposible a lo verdadero.
>
> Olga Novo

Hace 10.000 años, varios humanos caminaban por la orilla de un río que les era familiar. Acudían a la ribera para beber agua fresca desde el cuenco que construían con la solidez de una mano sobre otra. En aquel entonces, no todas las cosas tenían nombre, pero el mapa se hacía más grande cada vez que un dedo índice se estiraba apuntando hacia el frente.

Mucho tiempo atrás, un grupo minúsculo de *Homo sapiens* contempló una laja de piedra. Alzaron aquel peñasco de entre las otras rocas, lo colocaron sobre las dos orillas y las fronteras se disolvieron gracias a un puente.

Antes del establecimiento del puente Clam,* la orilla primi-

* **Puente Clam**: situado en Wycoller (Lancashire, Inglaterra), es un puente monolítico fabricado con una sola losa de piedra. Datado en época neolítica, tiene aproximadamente 10.000 años de antigüedad y se conside-

genia era el hogar. El miedo suele enjaular en zonas conocidas. Por suerte, la nueva pasarela transformó el espacio en algo totalmente nuevo, lejano a la noción de límite. Permitía a aquel grupo de individuos explorar las nuevas orillas sin alarma ni terror; resignificaron la noción de hogar, abriendo la perspectiva. Hubo virtud y bravura en aquel movimiento.

Después de mi paso por el hospital, todo lo que me recordaba a la quinta planta o estaba referido a aspectos médicos me resultaba agónico. Lo ordinario no siempre resulta cómodo o inequívoco: es tan solo algo habitual. Por eso, cuando escapé a la mordedura de la muerte, me prometí no regresar jamás a deambular por entre sus muelas. Los centros médicos, su olor, sus símbolos o el resfriado más simple me hacían sudar y entrar en estado de pánico. Sin embargo, fue necesario volver incontables veces, y no siempre por los motivos que esperaba.

Poco antes de acabar mi tratamiento de cáncer, mi hermana pequeña y mi cuñado me dieron una noticia harto inesperada en mi familia: estaba embarazada. La alegría y el miedo se apoderaron de mí instantáneamente al saberlo. Recuerdo a mi hermana decir, con absoluta rotundidad, que aquel bebé traería nuevas alegrías al hogar. Yo la abracé con la silueta de la duda y, aunque mi cara esbozaba una sonrisa de oreja a tumor, por dentro sentía crecer la semilla del pánico. Una voz interna me murmuraba que no vería nacer aquel bebé, y eso me hirió tanto que, cuando me quedaba a solas, comenzaba a llorar por aquel embrión al que ya amaba y que no podía prometer cuidar porque el privilegio de la promesa me era ajeno.

---

ra uno de los puentes más antiguos del mundo. A lo largo de los siglos ha sido varias veces reconstruido tras riadas, y su fragilidad lo vuelve especialmente vulnerable.

Los meses pasaron y aquella lenteja encarnizada en el vientre de mi hermana comenzó a parecerse a un humano pequeño. Mi familia hizo una porra acerca de su sexo y también del día del parto. Adquirí un nuevo título de nobleza que me fue dado por derecho de nacimiento: ser tita. Aquello era agradable; sobre la sombra del cáncer se alzaba una nueva vida, preñada de sueños, que devolvía el brillo a los ojos de mis familiares. Ciertamente, aquel proyecto de sobrino era en sí una posibilidad de amor que nos sanó a todos de terribles padecimientos y angustias. Al menos, sembraba en el horizonte una mota de entrañabilidad.

El 11 de diciembre acabé la quimioterapia y, pese a la adversidad del pronóstico inicial, la realidad de que podría abrazar a mi sobrino comenzó a hacerse factible. Empecé a soñar con cómo sería su cara, sus manos pequeñas y regordetas, su personalidad. Sin embargo, tuve que sortear una serie de obstáculos desgarradores para llegar hasta él.

La primera de las pruebas dolorosas que atravesé con el embarazo de mi hermana fue la vuelta al hospital. Mer me pidió que la acompañase a una ecografía. La vida nos había cercenado tanta tranquilidad y tantos momentos familiares que quiso compartir su embarazo conmigo para fomentar los recuerdos fraternales. Así que me cedió espacio entre los instantes más memorables de su vida y me permitió acceder a una cuota de felicidad desconocida para mí hasta entonces.

Pero atravesar el umbral del hospital maternal fue complicado. No sé si se percibía desde fuera mi temblor de manos nerviosas, el sudor de mi frente o mi respiración entrecortada; quizá solo lo sentía yo, que tenía la urgente necesidad de huir en cualquier momento.

Pocos minutos después de entrar en la sala de espera del ginecólogo, una enfermera pronunció el nombre de mi hermana y entonces pasamos a una pequeña sala de consulta. Apareció de nuevo aquella sensación ciega sobre el paladar. Mi hermana se tumbó sobre la camilla tal y como le indicaron; yo permanecía distante, ajena, cuando, de repente, un ritmo tamboril y frenético nos sacudió:

PUMPUMPUMPUMPUMPUMPUMPUMPUMPUMPUMPUM PUMPUMPUMPUM

Ahí estaba: el sonido del ecógrafo con un palpitar febril de corazón nuevo bajo el vientre abultado de mi hermana. Una vida, un futuro. Todo aquello es una única imagen que me siento incapaz de esculpir.

Durante los meses del embarazo de mi hermana, asistir al hospital adquirió nuevas significaciones, asociadas a la vida. Conocí la nueva sensación de amar a alguien que aún no existía; imaginé su rostro pequeño, sus manos regordetas, sus primeros pasos y palabras, y el futuro se hizo más deseable que nunca, también más complicado.

Apenas llevaba unos meses habituándome a la vida cotidiana cuando mi hermana llamó por teléfono: las contracciones habían comenzado. Las puertas del hospital maternal se volvieron a abrir para mi familia y para mí. Esta vez, la angustia y la alegría se mezclaban, y mi cuerpo ya no sabía distinguirlas: eran acaso la misma crepitación nerviosa.

Sentada sobre la silla de la sala de espera del hospital, me sentía extraña en mi papel de acompañante. Era la primera vez en mucho tiempo que no esperaba cruzar la puerta de un médico para escuchar noticias sobre la muerte; muy por el contrario, al otro lado del pasillo la vida se abría paso.

Sobre las 11.30 de la mañana, mi hermana pequeña, mi Mer, se convertía en mamá en el mismo hospital donde un día, tiempo atrás, a mí me habían extraído los óvulos sanos antes de comenzar la quimioterapia. En una de las salas donde mi descendencia había sido congelada por la posibilidad de la muerte, mi hermana traía al mundo a un bebé pequeño, fuerte y curioso que nos descubriría de nuevo los signos de la alegría.

El nacimiento de mi sobrino construyó un puente de redención en mi relación con la medicina y los hospitales.

Cuando el parto finalizó, mi hermana quiso que entrase en la habitación inmediatamente. Sobre una cunita con paredes de cristal, un ser diminuto y con nariz chatita dormía plácidamente, respirando por primera vez. La ansiedad no tenía cabida en aquel nido, solo el amor más profundo e inexplicable. Mi hermana, recién parida, aún dolorida, colocó a Hugo sobre mis brazos y me presentó así a su hijo. Hugo abrió los ojos justo allí; él y yo hicimos un pacto tácito: bebé y tita acompañándose para siempre. Una promesa inquebrantable.

Desde entonces ocurre un suceso extraño: siento los brazos huecos cuando no mecen a Hugo. He adquirido la urgente necesidad de cuidarlo y protegerlo ilimitadamente; cada vez que lo miro, vuelvo a sentir la caricia de la ilusión sobre la frente.

El hospital, como el puente Clam hizo siglos atrás, ha unido dos orillas que parecían inabarcables: la de la angustia y la esperanza. El miedo a futurar es más tenue cuando me hundo en los ojos azules de Hugo observando el mundo; en ellos descubro que la vida no se mide en cicatrices ni en diagnósticos, sino en la capacidad de abrirse paso hacia la luz, una y otra vez.

INFORMES RADIOLÓGICOS

PET-TC de Cuerpo Entero: El estudio realizado a la paciente se compara con el previo de enero de 2023. Persiste la lesión hipermetabólica localizada en maxilar superior derecho, que ocupa e infiltra el maxilar superior derecho, fosa nasal derecha, tabique nasal derecho, seno maxilar derecho y suelo de la órbita derecha, la cual no muestra cambios significativos de tamaño.

RESUMEN: Masa hipermetabólica en maxilar derecho, con disminución del grado metabólico con respecto al estudio previo. Resto del estudio sin hallazgos patológicos significativos.

Mierda espacial

> Fuera de contexto,
> cualquier cosa puede ser una metáfora.
>
> Laura Casielles

El suelo marmolado y frío luce brillante bajo mis pies desnudos mientras contemplo el cadáver que tengo ante mis ojos. Soy una figura vertical, congelada en mitad de la habitación; también soy su asesina. La lejía es efectiva, pienso fugazmente mientras me encuentro allí, petrificada, observando. Mi quietud no es producto del miedo, sino del respeto. Espero, calmada, a que su cuerpo acabe de convulsionar antes de limpiar cualquier rastro que pudiese dejar. Soy meticulosa. Cada una de sus ocho patas peludas danza en el aire con espasmos metódicos. Se trata de un bello baile con la muerte, que finaliza con una última contracción. Fascinante, hermoso y casi poético.

Llevo una semana tirada en el sofá sin limpiar mi casa. Esta mañana me he propuesto cambiar mi vida. En el último vídeo de YouTube que vi me prometieron que, a los 21 días, dejaría de procrastinar. Sencillo, ¿no? Ahora estoy aquí, dedicándole unos minutos de silencio a una alimaña seca. Probablemente haya muchas otras arañas como esta esperándome en algún rincón de la casa. No debería ser tan dramática, me digo. Supongo que, después de haber superado un cáncer, tengo cierta deferencia para con la muerte, aunque sea la de este maldito bicho asquerosamente macabro que escupe hilo del culo. Sigo avanzando con la fregona en ristre, como si de un arma mortífera se tratase: es mi mejor defensa contra la mierda y la tristeza.

La voz de Sara García Alonso resuena en el aire. Está contestando unas preguntas que las chicas de *Estirando el chicle* le realizan acerca del proceso de selección para ser la primera astronauta mujer europea. Menudo calvario de pruebas tuvo que atravesar la muchacha. ¿Tienen que reciclar su propia orina? ¡Qué puto asco! Una misión de seis meses en la luna parece algo aterrador.

¿También hay que limpiar el polvo si vives en una nave? Las conductoras del pódcast continúan interrogándola sobre el viaje, la estancia, la llegada. Mi mente, sin embargo, solo puede pensar en el retorno.

Por un instante, la imagen de Sara ocupa toda mi mente: su pelo teñido de naranja, recogido en un moño bajo; vestida con aquel mono de astronauta color azul oscuro; sentada en una nave diminuta, atravesando la atmósfera bajo la que ha crecido. La gravedad 9,81 hace de las suyas y opone resistencia, pero eso no la detiene. Una de nosotras pisando la superficie de la luna: es un momento histórico. Siempre lo es. Instantáneamente, sonrío al pensar en ese fotograma mental. Desde sus casas, muchas personas asisten a este momento que se retransmite en directo.

Mi mente salta de nuevo, y entonces Sara, como Neil Armstrong, roza con su pie la superficie lunar. Me detengo justo en esa imagen: Sara en la superficie del satélite grisáceo, girando el rostro hacia su planeta madre. Sara, rodeada de inmensidad, vacío y oscuridad, observando los bordes de nuestra esfera azul. Sara, fuera de toda ideología, sistema o valor humano, pisando la corteza de un cuerpo rocoso descrito por científicos y poetas. *Sara, que la mira mira, la está mirando. Y en el aire conmovido, mueve la luna sus brazos y enseña, lúbrica y pura, sus senos de estaño.* Me conmuevo. Sara me conmueve.

Mi mente pega otro salto. Ahora todo es un borrón negro, sin postal. Soy capaz de imaginar el dolor que vendrá después. Sé, de alguna forma, lo que implica el regreso.

¿Cómo volverá Sara a comprar al Mercadona cuando regrese a casa? ¿Cómo es posible siquiera que atraviese los pasillos en busca de cereales bajos en azúcares, preocupada por llevar una dieta sana? ¿Qué puede hacer que, después de haber contemplado ahí fuera la pequeñez humana y su tosca arbitrariedad, se cuestione acerca de si los huevos que está eligiendo son de una gallina libre o no? ¿Cómo se puede esperar tranquilamente en la fila de la caja registradora después de conocer la magnificencia del caos en su conjunto?

—¿Cómo? ¿CÓMO? ¡¿Cómo?! —interrogo a aquella Sara García Alonso de mi imaginación.

Yo nunca he salido del planeta Tierra —es más, me cuesta salir de esta maldita habitación—, pero creo conocer esa extraña sensación de observar los límites del mundo. Soy una Perséfone milenial de pelo corto acaracolado que ha rozado la muerte y que ha escapado de ella de puntillas, dejando el mundo de los difuntos atrás pero incapaz de olvidarlo. Una parte de mí pertenece allí, y ahora todo me parece superficial y vacuo. Me fascina la paradoja: la magnificencia te toca para llenarte de vacío.

He superado un cáncer extraño —casi un milagro médico—, me he independizado con mi novio, Viktor Krum. He vuelto a la universidad y he sido ascendida en un empleo al que acabo de volver. Sin embargo, aquí estoy, varada en una orilla de la cama que aún no he hecho, con una camiseta de publicidad andrajosa y morada, un pantalón de pijama infantil, conmovida por la muerte de una araña y riéndome sutilmente por compartir el miedo de una mujer astronauta que un día podría volver a elegir entre tampones maxi o normales en una gran superficie.

Estoy aquí, detenida, movida apenas por el traqueteo del pulso rápido propio de la ansiedad, conmovida un poco de ver aspectos de la vida tan sumamente ridículos. Estoy aquí, aceptando que mi tránsito por el cáncer no ha acabado solo porque ya no pueda morir; las cicatrices psicológicas manejan otros tiempos de cura. Estoy aquí porque, joder, ¡qué puta mierda es esto! ¡Qué pequeña me siento! Y, sobre todo..., cómo disfruto viviendo esta realidad extraña de la que soy tan parte como tú.

Puede que nunca sepa qué se siente al salir de este planeta, eso es verdad. Mis suposiciones no son más que personalizaciones. Pero, sin duda, sé cómo es sentirte un extraterrestre en tu propia casa, en tu propia vida, foránea de todo cuanto lleva tu nombre o tu marca. No sé cómo es el retorno desde el espacio. Lo que sí sé es que, después de padecer cáncer, empiezas a vivir desde cero, resignificando cada cosa que te rodea, aceptando los nuevos límites. La persona que vuelve del cáncer no es aquella que enfermó: es otra. Se trata de un viaje extraño, complicado. Pero bueno, al menos, yo no he tenido que reciclar mi propio pis, y eso siempre es de agradecer.

Elena:

¿Te sientes preparada?

Yo:

Pues no lo sé, pero de alguna forma lo necesito.

Quiero volver a la vida real.

Elena:

Claro, lo entiendo, cariño, pero me parece demasiado pronto.

Yo:

Quiero volver a mi vida, demostrarme que soy algo más que una enferma.

Elena: Siempre has sido mucho más que eso si te entiendo, pero ha sido un tratamiento largo… No sé.

Yo:

Solo voy a vender jabones, creo que puedo hacerlo.

Elena:

Tú siempre puedes hacerlo pues nada. ¡Esperando que me cuentes más!

Yo:

Por fin se ha acabado todo… No me parece real que este día haya llegado, tía.

Jabones

Vidas que dejé cruzadas
vienen encendiéndose.
Vidas que dejé cruzadas
vienen persiguiéndome.

Iván Ferreiro

El protocolo al llegar a la tienda es siempre el mismo. Todo comienza a las 9.00 de un lunes en pleno centro de Sevilla. La calle Tetuán está apenas habitada a estas horas. Solo los trabajadores de las tiendas colindantes hormiguean por allí. Algunos reparten mercancías, otros limpian los cristales de los escaparates, ordenan el interior o comprueban las cajas. Todo parece coreografiado: una danza leve de persianas subidas y focos automáticos.

Llego temprano, aunque Cristian, mi compañero, ya me espera en la puerta fumándose un cigarrillo de liar. Lo hace con la elegancia de quien necesita una calada para soportar un día proletario. Nos saludamos con un abrazo cariñoso, intentando convencernos de que somos personas antes que empleados.

—¡Buenos díaaaaaaaaas! —bosteza.

— Hola. ¿Y esa cara de cansado, Cristi? ¿Dormiste poco anoche? —le guiño un ojo buscando la complicidad del doble sentido.

—Ja, ojalá.

Meto la llave en la cerradura, la giro, desactivo la alarma. Cristian se adentra en el local y se pierde al fondo. Yo enciendo las luces, los ordenadores, ficho y reviso el cuadrante de turnos. Luego avanzo hasta la escalera. Esa escalera. Mi peor pesadilla.

Los primeros escalones los subo con actitud, contándomelos a mí misma como mantras. Uno, dos, tres. Pero a mitad de camino el cuerpo se me parte: el pulso se acelera, la frente empieza a sudar. Paro unos segundos. Me repito: «Esto es fácil, lo hiciste muchas veces. Puedes con una escalera». Lo intento de nuevo. La segunda planta me recibe con su habitual frialdad. Allí están el baño de empleados, las taquillas y el almacén. Dejo el bolso en mi taquilla favorita, la que tiene una pegatina de una patita de perro. Me pongo el mandil negro, cojo un bolígrafo azul y una pala metálica con mango de madera. Estos gestos cotidianos se sienten ahora como un vestido de la talla incorrecta.

De nuevo el infierno: bajo la escalera, sin Virgilio ni gloria alguna, solo una carretilla amarilla desconchada me espera en su último escalón. Esta vez se me doblan las rodillas al final. El pulso me masajea la úvula. Me repito en silencio: «Joder, ni una puta escalera puedes subir». Me meto en el baño de abajo, me echo agua en la cara e intento despejarme. Nada de eso va a manchar mi día. «Después de dos años de operaciones, quimio, radio... estás aquí. No vas a parar». Al salir, finjo una sonrisa y no tengo demasiado claro si lo hago por protocolo de empresa o por necesidad de supervivencia.

Cristian ya lleva el uniforme cuando llego, ha repuesto estanterías, colocado expositores y limpiado superficies para que brillen como una patena. Desde lejos, lo contemplo como si nos separaran siglos. Yo, que apenas puedo estar de pie sin que me ardan los tobillos, agradezco el gran trabajo que él realiza por mí cada día. Me digo: «Te irás acostumbrando. Es cuestión de hábito, irá doliendo menos, y me limito a contar céntimos tras la caja registradora.

A las diez abrimos. La tienda respira calma este lunes de marzo. Dos clientas habituales entran mientras charlan entre sí. Las reconozco de una, Inés y Rocío, dos mujeres de unos cincuenta años adictas al olor del jazmín. Siempre entran como quien cruza el umbral de un templo: con una mezcla de rutina y fascinación.

Las saludo con la alegría de reencontrarme con algo que fue mío y que por fin recupero.

—¡Buenos días! ¿Cómo os ayudo?

Inés entrecierra los ojos como quien intenta leer un letrero borroso. Rocío ladea la cabeza, duda. La pausa se hace larga, violenta. Entonces Inés me lanza una sonrisa tímida, como si improvisara una mentira piadosa, frunciendo un tanto los labios.

—Nada nada, mejor que me ayude Cristian, que las nuevas siempre me confundís.

Cristian sonríe desde detrás del expositor. Rocío se ríe por lo bajo, calmadamente. Yo me congelo por dentro. No me han reconocido. Ni siquiera intuyen quién fui.

Las vi durante meses. Les recomendé jabones, champús, cremas. Sé que Inés odia la lavanda. Sé que Rocío no soporta los exfoliantes de azúcar porque le recuerdan a su exmarido, el cursi. Sé que prefieren las bombas de baño que hacen espuma lenta. Y que los nietos de Inés, que viven en Andorra, siempre vienen antes de verla a por un regalo para sorprenderla. Y ahora, para ellas, para Inés, para Rocío, soy solo «una nueva».

Me quedo con una sonrisa fosilizada en el rostro, tan hueca como el escaparate. De pronto mi voz ya no tiene el mismo timbre y mis ojos son otros. Dudo de mi identidad, ¿ya no queda nada de mí?

Cristian las atiende con soltura, como quien afila cuchillos con los ojos cerrados. Yo subo al despacho a escanear facturas. Pero en realidad estoy huyendo. Huyo del espejo que fueron esas mujeres. Huyo de su mirada, que ya no me recuerda. El mundo ha seguido girando y yo ya no pertenezco a él. Huyo de mí misma, que no quiero plantearme la extrañeza que siento.

Me acomodo frente al ordenador, al fondo del almacén. Es un rincón con una gran ventana donde el tiempo se diluye como el vapor de los aceites esenciales, de forma densa. El olor a jabón floral se debe mezclar con el cartón viejo, con las cintas adhesivas abiertas a mordiscos, con un sudor rancio que no es de nadie, pero flota. Por suerte, ya no percibo olores y esta es una de las pocas veces en que me alegro de ello. No obstante, noto que el aire está estancado. Parece que alguien lo ha planchado y colgado ahí, sin que nadie se atreva a moverlo. Las luces de neón parpadean a ratos. La sensación es de estar dentro de una pecera abandonada.

Frente a mí, un teclado mugriento. A su lado, una grapadora torcida, un bote de bolígrafos sin capuchón y una caja de muestras de bálsamo abiertas con los labios de medio Sevilla pegados en sus bordes. El monitor tiene el brillo al mínimo. Todo es opaco, tenue, como si estuviera dentro de un sueño de alguien de los años cincuenta.

Abro el Excel de las facturas. Las celdas verdes, blancas y grises desfilan como soldados dóciles. Me repito: «Son solo papeles, datos, cosas fáciles». Puedo hacer cosas fáciles. Antes hacía esto mientras respondía correos, escuchaba música y vendía tres mascarillas. Ahora la pantalla me parece chino mandarín. Me salto líneas. Repito códigos. Me pierdo entre números como en una sopa sin letras. *Puto Chemo brain.*

Un tic nervioso se me instala en el párpado. Tengo la boca seca, pero no me apetece tragar. Mis manos van más lentas que mi cabeza, y mi cabeza va detrás de algo que no sé muy bien qué es. La noción del tiempo empieza a despegarse del cuerpo, poco a poco.

Me miro las uñas. Algunas están rotas. Me suena el estómago. ¿He desayunado hoy? No lo recuerdo. La pantalla me devuelve un cursor parpadeando. A veces tengo la sensación de que ese parpadeo me está insultando.

Y entonces:

RIIIIIIIIIIIIIIIIIING.

El sonido me atraviesa como un disparo en mitad del bosque.

—¿Anabé, puedes bajar? Ha llegado Raquel. —Es Cristian, parece nervioso.

Tardo unos segundos en contestar.

—¿Ya? No entra hasta las doce.

—Pues eso, que son las doce. —Y cuelga.

Giro la cabeza con lentitud. Miro la esquina del monitor. 12.00. Uno. Dos. Dos puntos. Cero. Cero. ¿Doce? ¿Ya? Imposible. Me acabo de sentar, ¿no?

Apenas he hecho la mitad de las facturas. Algunas ni siquiera las he empezado. La ansiedad me invade ¿Qué estuve haciendo todo este tiempo? ¿He estado aquí? ¿Me quedé en blanco? ¿Pensando en qué? ¿Qué cojones me pasa?

¿Serán las putas pastillas? Me tienen en una neblina densa, como si alguien hubiese metido mi cerebro en un frasco de gelatina. ¿Es que ya no soy capaz ni de concentrarme? *Estoy como atontada, coño.* Siento que mi sombra se ha sentado a trabajar por mí.

Bajo. A tramos. A trompicones. A tumbos. A derrotas. Muchas derrotas. Las piernas me tiemblan. El reloj marca las 12.10. Me siento pegajosa, lenta, arrastrada. Soy una anciana dentro de un cuerpo joven que ya no es mío.

Cuando abro la puerta de superficie de tienda, Raquel ya está fichada. El local está a rebosar de personas. Cristian en caja. Una cola de tres personas le marca la pauta. Me acerco a una clienta intentando hacer algo útil.

—¡Hola! ¿Tienes la mascarilla de olor a fresa? —me pregunta desesperada cuando me ve aparecer.

—Ah... sí. Claro —Camino al estante. Cojo la talla grande y rápidamente inicio la venta. En esto soy toda una experta. Si hay algo que se me da bien es camelarme a la gente con mi vocecilla dulce pero enérgica.

—Deja el pelo fabuloso —comienzo— como el mío, ¿ves? Porque tiene...

Me detengo. Mis manos tocan el vacío. ¿De verdad esperaba encontrar mi melena? *Joder..., vuelve a la venta ¿Qué tenía? Di algún ingrediente: frutos secos. No, eso no. ¿Ácido hialurónico? ¿Proteína de avena?*

La mujer me observa. Mira mi pelo ralo con textura de musgo. Mis calvas discretas en la sien y cerca de la oreja. Siento el rubor subir.

—Bueno, me lo pensaré.

—¡Le puedo poner una muestra!

Pero ya se va. Otra venta perdida. Otra versión antigua de mí sepultada bajo las luces de la realidad. Me escondo tras el ordenador de la caja. Fingiendo que contesto correos de la central. Fingiendo que sigo siendo parte de este lugar.

Y entonces entra un grupo de turistas. Luego otro. Unos con mochilas enormes que rozan los estantes, otros con cámaras colgadas al cuello como si entraran a un museo. Una pareja francesa se me acerca. Ella habla, él señala.

—*Excusez-moi*... ¿Manteca... de... karité?

Asiento, pero no entiendo bien su acento. Dudo. Rebusco mentalmente entre los productos. ¿Dónde estaba? ¿En qué estantería? ¿La de arriba o la de abajo? Me lanzo hacia un rincón, agarro un tarro al azar, lo acerco. No es. Lo sé por la cara que pone ella. Me disculpo. Vuelvo a girar. Me noto el cuello rígido. La espalda arde. Mi cadera se queja. Pasa entonces una niña empujándome por detrás mientras corre entre los pasillos como si esto fuera un parque. Me muerdo la lengua para no gritarle.

Otra clienta me llama con el dedo. Quiere una reposición de un exfoliante de menta. Busco la caja en el almacén. La caja pesa poco, pero mis brazos tiemblan al cargarla.

—¿Cuánto cuesta esta bomba de baño?

Alguien me muestra una esfera verde y rosa. Miro el código. Lo conozco, lo he memorizado, lo he escrito mil veces. Pero ahora no lo encuentro en mi cabeza. Es un número sin dueño. Me paralizo mientras la cola de personas frente a mí no para de crecer. Christian me mira y lo teclea en mi lugar sin decir nada.

Una, dos, tres veces me equivoco al marcar otra compra. La pantalla de la caja parece burlarse. El icono del «total» parpadea con saña. El sudor me empapa el mandil. El aire acondicionado no sirve de nada. Me arde la espalda como si alguien me estuviera quemando con un mechero.

—Perdona, ¿este perfume tiene fondo de sándalo?

Levanto la mirada. Una mujer elegante, con un pañuelo de seda anudado al cuello, me ofrece un frasco. Un perfume nuevo. Saca una tira de papel, lo rocía, me lo tiende.

—¿Qué notas tú? A mí me huele como a… limpio pero un poco cálido.

Me quedo quieta. Me tenso. La nariz me duele desde que desperté esta mañana. Aún tengo muy inflamada la parte derecha del rostro. No huelo absolutamente nada. N-A-D-A.

Pero sonrío. Lo cojo como si nada. Me llevo el papel a la nariz y finjo aspirar. El aire no tiene notas. No hay jazmín, ni almizcle, ni madera, ni clavo. Hay solo vacío.

—Tiene… eh… bergamota en la salida —leo rápido en la etiqueta— y algo de rosa en el corazón. Al fondo se nota el ámbar y la madera blanca.

La mujer asiente. Parece complacida. Entonces, sin aviso, se acerca y vuelve a alzarme el papel.

—¡Ay, sí! ¿Lo hueles ahora? Es que justo aquí cambia.

Me lo pone a un par de centímetros de la cara. Me quedo inmóvil. Actúo. Simulo otra inspiración lenta, una pausa reflexiva. Muevo la cabeza como si los aromas me golpearan con petulancia.

—Sí, totalmente... Aquí se nota el fondo más... terroso, casi especiado.

Estoy interpretando el papelón de mi vida. Mintiendo con toda esta nariz de pinocho que tengo. Me siento ridícula, pero no puedo decirle la verdad. No puedo decirle: «Verá, acabo de terminar la quimio hace un mes y medio y tengo un tumor en la nariz, señora, no huelo nada y además me está usted ahogando con su entusiasmo».

Ella sonríe. Yo también. Todo es una farsa. Quizá toda mi vida lo es.

Justo entonces entran unos padres con cuatro niños pequeños. Niños con la energía de huracán y la delicadeza de un elefante. Corren por los pasillos. Tocan las bombas de baño como si fueran chucherías. Una niña se mete un exfoliante en la boca.

—¡Eso no es dulce, cariño! —grita la madre riendo. Por supuesto, no va a comprar nada. Ha traído a sus hijos como quién los suelta en una ludoteca gratuita con *glitter* y olor a mango. Total, en casa no los soportan.

—No, no, eso no se come —les digo yo, siguiéndolos con la paciencia de un guía de museo—. No es... no... no es nada de eso.

Trato de corregirlos con amabilidad, pero tengo que andar detrás. Uno agarra una mascarilla, la abre. Otro se sube al taburete junto a los jabones. Yo voy detrás. Repito como un mantra: «No, cariño, eso no, eso no se come, eso no es caramelo, eso no es para ti, no es para ti, no es para...».

De repente, me falla la pierna. No es un temblor: es una traición. El cuerpo decide desconectarse del suelo. Me voy de lado. Tropiezo y me caigo. No es una caída espectacular. Es lenta, torpe. Me hundo en *slow motion*, rozando una estantería. Entonces, dos bombas de baño caen conmigo. Estallan en el suelo como frutas podridas. Una se deshace. La otra me mancha la manga. Azul y purpurina se funden en una lluvia inesperada que me salpica la cabeza.

Yo quedo ridículamente sentada entre fragmentos coloridos y húmedos. Las rodillas flexionadas, la respiración entrecortada. El padre dice «cuidado», la madre me ofrece una mano, pero no la acepto. Me quedo ahí. Por orgullo. Por agotamiento. Porque no puedo más. Porque no quiero que me vean levantándome como un payaso roto.

Nadie insiste en levantarme. Se alejan, quizá por pudor, quizá porque hay ofertas mejores al fondo de la tienda. Me reincorporo como puedo, arrastrando el cuerpo como una serpiente recién nacida. Camino hacia el baño en silencio. Nadie me sigue ni tampoco me ve.

Cierro la puerta y el pestillo chirría. Me siento en la tapa del váter sin siquiera bajarla. La cerámica está fría, pero el calor me sube por dentro. Siento que estoy ardiendo, desde la columna hasta la nuca. Y entonces, sin aviso, me echo a llorar.

Una plañidera profesional parece poseerme:

Ya no soy ella. Joder. No soy ella. No puedo. No puedo… no puedo.
Quilla… Anabé, ¿dónde estás?, ¿qué coño haces? Lo hemos conseguido. Estás aquí.
Estás viva, coño…
Pero… Ya no soy la de antes. Soy un puto borrador de persona.

Y tengo miedo de que esta que soy ahora... se quede.
Porque esta no quiere estar aquí.
Esta no puede.
Esta no sabe.
Esta no quiere vender jabones.
No quiere saber códigos.
No quiere fingir que huele.
Esta solo quiere irse.
Pero no sabe a dónde.
No sé a dónde, no sé...
Ya no sé nada...

Lloro con una fuerza que no sabía que estaba ahí. Lloro como si me estuvieran arrancando algo por dentro y probablemente así sea. Lloro de rabia, de agotamiento, de vértigo. Lloro con dolor. Lloro por todas las cosas que no sé hacer. Por todas las que ya no puedo hacer y lloro, también, por las que ya no quiero hacer.

La mandíbula me tiembla, parezco alguien que se ha puesto de ketamina hasta las cejas. Así que instintivamente me tapo la boca con la mano, como si aún quisiera proteger algo de la dignidad que me queda. Me convierto en un animal herido encerrado en el baño de empleados de una tienda de jabones hechos a mano. Mi vida es un completo absurdo.

Después de unos minutos las lágrimas se agotan, de golpe, como un porrazo seco contra la loza. Así que me levanto en un único gesto automático. Me limpio la cara con papel higiénico. Me echo agua en la nuca y las muñecas. Me recompongo. Me miento. Me niego. Me desprendo de mí y me digo que hay que continuar. No porque esté lista, sino porque hay que terminar el turno.

Abro la puerta.

La tienda es un hervidero. Turistas arrastrando bolsas. Raquel rodeada de jabones, Cristian pasando precios a una velocidad que da vértigo. Todo vibra. Todo brilla. Todo hace ruido. La música ambiental no encaja con nada, *Simple plan* debió pasar de moda hace siglos. Las bombas de baño se venden como pan caliente. La pared de gel de ducha es un mural de locura: colores, texturas, olores que yo no percibo. Toda una vida que ya no me pertenece.

Me detengo por un momento en mitad del caos.

Miro mis manos y mis zapatos manchados de polvo de colores, como si fuese la vestimenta de un hada que se ha ido de rave. Miro el suelo que ya he probado bien de cerca hoy. Miro las manchas de grasa y purpurina sobre el mandil negro. Miro mis manos temblorosas y pulsantes, noto las venas inflamadas a simple vista.

¿De verdad he sobrevivido para esto?

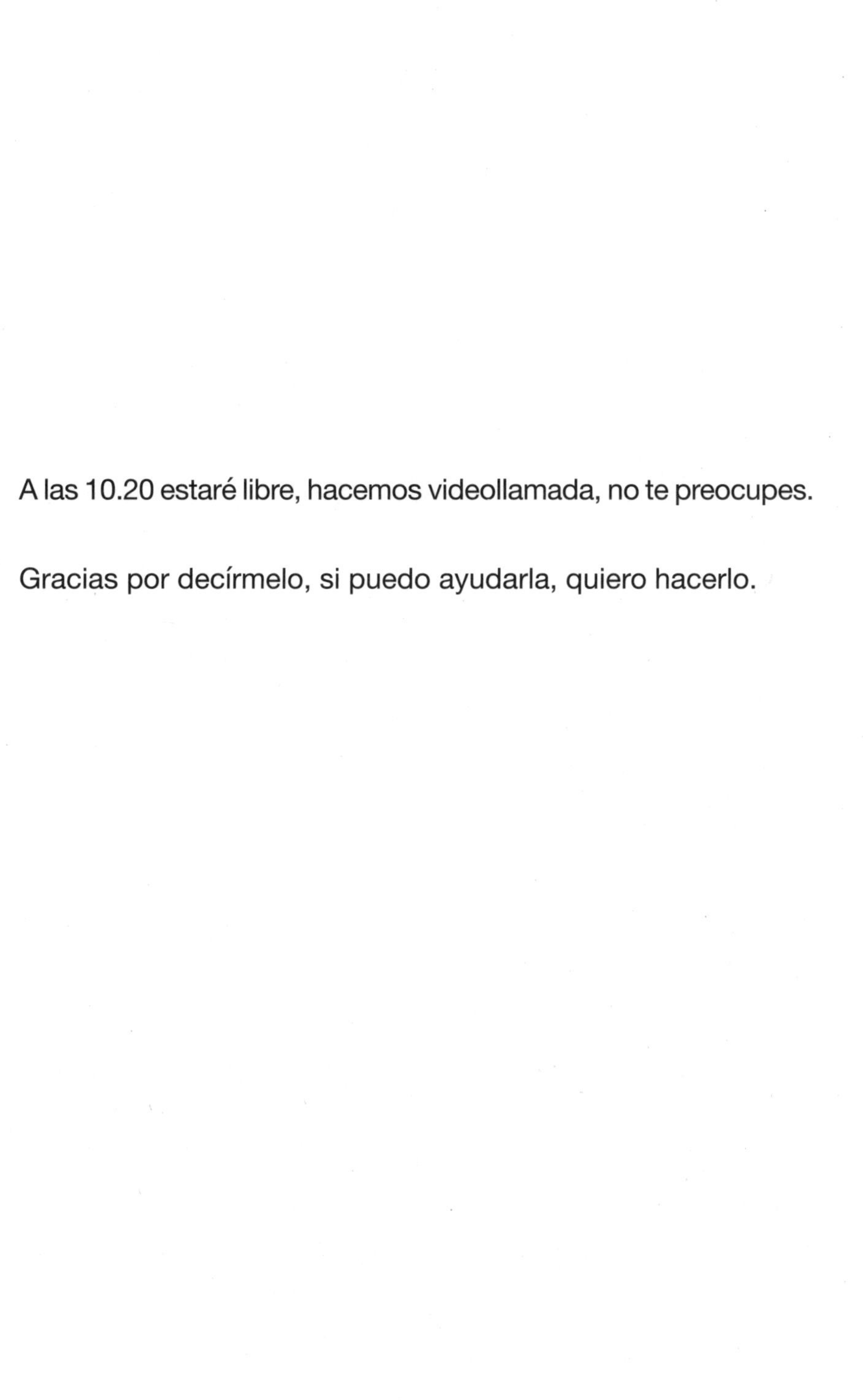

A las 10.20 estaré libre, hacemos videollamada, no te preocupes.

Gracias por decírmelo, si puedo ayudarla, quiero hacerlo.

Diana

Invertí todas mis fuerzas en mi debilidad.

Angélica Liddell

PERSONAJES:
ANABÉ
DIANA
JUANMA
EL MIEDO

Obertura musical sobre un tema sonoro que recuerda el canto de los pájaros en la mañana. Se levanta el telón. La escena está dividida en dos escenarios distintos conectados por una pantalla. En la derecha, Anabé está sentada en un escritorio dentro de una habitación de matrimonio. A la izquierda JUANMA Y DIANA hablan desde el patio de recreo de un instituto. De cuando en cuanto se escucha el murmullo de alguien que pasa por detrás.

ANABÉ

¡Hooolaaa! ¿Me veis bien? No sé si aquí hay demasiada cobertura.

JUANMA

Sí, sí, te vemos perfecto.

ANABÉ

Hola, Diana, ¿qué tal estás?

DIANA

(En un susurro imperceptible). Bien.

ANABÉ

¿Sabes quién soy?

DIANA

(En un susurro imperceptible). Sí.

ANABÉ

Y ¿sabes por qué tu profe quiere que hable contigo?

DIANA

(En un susurro imperceptible). Sí.

EL MIEDO

¡Oye!, ¿y a mí no me saludáis o qué?

JUANMA

Le he contado a Diana que una buena amiga mía tuvo cáncer y que ahora está bien. Y que podía ser interesante hablar con ella, ¿verdad, Diana?

EL MIEDO

Venga, Dianita, los dos sabemos que eso no va a servir de mucho.

ANABÉ

Pues sí, Diana, ¿me ves? Hace tres años tuve cáncer y mírame ahora, ¿a que tengo pelazo? ¡Y mira qué estilo! *(Se levanta y se aleja de la pantalla para enseñarle el look).* JA, JA, JA.

DIANA

(Sonriendo levemente, no se mueve un ápice). Sí.

ANABÉ

¿Y por qué quieres hablar conmigo, Diana?

JUANMA

Puedes contárselo, es medio tonta como yo, ¿no ves que somos amigos? No se va a reír de ti, te lo prometo.

DIANA

(Lágrimas escurriéndole por los ojos, sigue sin moverse un ápice).

JUANMA

¿Quieres que te ayude un poco?

Diana me ha contado que está muy triste porque su mejor amiga, Teresa…

DIANA
Se llama Triana.

JUANMA
¿Ah, sí? Mejor cuéntaselo tú porque estoy lelo y seguro que me equivoco.

ANABÉ
¿Qué te pone triste de Triana?

DIANA
Que tiene cáncer, me ha dicho que no podemos jugar más porque tiene cáncer.

EL MIEDO
Uy, cómo me gusta esa palabra tan densa. Se apodera de todo y nos rodea como una bufanda gruesa un día de verano, una maravilla ¿verdad, Dianita?

ANABÉ
Vaya…, lo siento mucho.

DIANA
(Solloza, sigue sin moverse un ápice).

ANABÉ
¿Sabes lo que es el cáncer?

DIANA

(En un susurro aspirado mientras solloza). Que… que te mueres.

EL MIEDO

(Meciendo a Diana mientras canta una nana). Eaaa eaaa eaaa.

ANABÉ

Bueno…, yo no me veo mucha pinta de fantasma, ¿no?

(Vuelve a alejarse de la pantalla y a hacer el mismo gesto de enseñar el look que hizo antes).

DIANA

(Alza la voz). No.

ANABÉ

¿Qué tal si te explico lo que es? Prometo no mentirte en nada y puedes preguntarme todo lo que quieras, ¿vale?

JUANMA

Ya verás como no te miente en nada, si es que es una sinvergüenza en toda regla.

(Diana cambia de postura, se sienta un poco más erguida).

ANABÉ

¿Quieres que te cuente cómo es el cáncer de verdad, Diana? No la versión de las pelis, ni la que se oye por ahí.

DIANA

(Susurra). Vale.

ANABÉ
¿Te han explicado lo que es la célula en clase?

DIANA
(Asiente con la cabeza, medio aburrida).

ANABÉ
Pues a veces pasa que las células crecen mal, muchas veces, y entonces se forman unos bultos que pueden doler mucho, incluso deformarte. Mira, como el que yo tengo dentro de la boca (*Anabé abre la boca mucho, Diana abre los ojos).* ¿Lo ves?

DIANA
(Sorprendida de que Anabé le enseñé el paladar).
¡No sabía que el cáncer se podía ver!

ANABÉ
Bueno, no siempre se ve, pero mi cáncer tiene esta forma de pelota de tenis. Mi tumor no se ha ido, pero la enfermedad sí, y aquí estoy.

EL MIEDO
Chica, qué bien me allanas el terreno, jaja, qué fácil es trabajar contigo.

DIANA
¿Te duele?

ANABÉ

Sí, pero tengo medicación para eso. Como cuando te duele la cabeza o te caes y te haces un rosetón en la rodilla, que duele, pero te tomas un paracetamol.

DIANA

Pero ella dice que no podemos jugar. Así que debe dolerle mucho. Dice que tienen que ponerle quimio.

ANABÉ

Ah… la quimio. Qué palabra más rara, ¿verdad? Suena como a nombre de mascota. «¡Quimio, ven aquí!». Pero no es tan simpática. La quimioterapia es una medicina muy muy fuerte, que entra en el cuerpo a luchar contra esas células malas que te he contado. Y sí, duele a veces. Y cansa mucho. Tanto, que a veces no puedes ni levantarte de la cama.

DIANA

Entonces… ¿Triana ya no va a ser como antes?

EL MIEDO

No, no, no. Ya no vale. Ya no sirve. Se acabó. Y tú tampoco vas a ser igual, pequeña.

ANABÉ

No. No va a ser como antes.

(Pausa). Va a ser otra cosa.

(Pausa). A veces peor, sí. Pero otras, distinta. Como cuando te crece el pelo de golpe y tu padre te hace una coleta y tú dices: «¡No me reconozco!». Y sin embargo… sigues siendo tú.

DIANA

(Levemente). Pero… ¿y se va a morir?

(Pausa larga. EL MIEDO deja de mecerla. Se queda muy cerca, casi asfixiándola).

EL MIEDO

¿Notas el pulso acelerado, Dianita? ¡Es música para mis oídos! *(Parece enloquecido, eufórico al decirlo).*

ANABÉ

(Seria, honesta). Puede pasar. Yo no voy a mentirte. *(Pausa).* Pero también puede pasar que viva. Que se cure. Que tenga miedo, como tú ahora, y luego menos. Quc un día se le caiga todo el pelo y al día siguiente os riais porque se ha puesto un gorro con forma de rana.

Y ese día… también será ella.

Tampoco sé decirte si van a atropellar a Juanma dentro de un momento, ojalá que no. Pero ¿sabes qué?, pase lo que pase está aquí ahora mismo.

JUANMA

Sí, por si acaso siempre miro dos veces al cruzar.

DIANA

¿Y si no me quiere ver? ¿Y si me manda callar?

ANABÉ

Entonces tú te quedas cerca, en silencio. No hay que hablar por WhatsApp todo el rato para querer a alguien. A veces solo hay que quedarse cerca, como hacen los gatos.

EL MIEDO

Querida, los dos sabemos que eso no funciona. Va a dejar de ser tu amiga, la vas a perder, te va a abandonar y entonces ¡te quedarás totalmente sola!

JUANMA

Triana no te ha dejado de querer, Diana. Solo está cansada porque está pasando por algo nuevo que no entiende.

DIANA

Podemos jugar a la switch, para eso no hay que moverse.

ANABÉ

Eso sería un regalo. Uno muy grande. Seguro que le gusta la idea.

EL MIEDO

(Se despega un poco del abrazo tan forzado con que tenía sujeta a Diana).

¡No te creas nada de lo que estos dos te dicen! ¡Te están mintiendo!

ANABÉ

¿Te cuento un secreto?

DIANA

(Susurra). Sí.

ANABÉ

Cuando estaba más malita, me operaron la boca y no podía

hablar. Un día una amiga de mi madre me trajo una campana pequeña, de plata. Y me dijo que la tocase cuando quisiera llamarla, pero también me dijo: «Tócala cuando quieras espantar al miedo». Y la tocaba cada vez que me dolía. No se iba del todo…, pero se callaba un rato.

DIANA

¿De verdad?

ANABÉ

Claro. ¿Quieres que te la enseñe?

(Anabé saca lentamente una pequeña campana plateada, brillante con cintas colgando. Hace un suave redoble. EL MIEDO se tapa los oídos).

EL MIEDO

Ay, no, otra vez no eso no, por favor… ¡Qué molesto!

(Silencio breve. El redoble suave de la campana se desvanece. EL MIEDO se encoge al fondo como si le pesaran los hombros. Diana se yergue aún más en su asiento).

DIANA

Mmm. *(Duda).* ¿A todas las personas con cáncer se les cae el pelo?

ANABÉ

No. Esa es una de las mentiras más grandes. Hay personas a las que no se les cae nada. Ni uno solo pelo de la ceja. Porque no todas las quimios son iguales. Ni todos los cuerpos. Ni todos los cánceres.

DIANA

¿Hay distintos cánceres?

ANABÉ

Sí, muchísimos. Algunos están en los huesos como el mío, otros en la sangre, otros en los pechos, en el pulmón, en la piel, incluso en los ojos. Hay tantos que ni siquiera tienen todos el mismo nombre. Pero lo bueno es que se van conociendo más y poquito a poco se van curando.

EL MIEDO

(Fastidiado).

Qué complicado lo pones, Anabé...

ANABÉ

¿Y sabes lo más curioso, Diana? La quimio puede ser también distinta. La primera que me pusieron era roja. Y me daba muchísimas ganas de vomitar. La segunda era transparente y tenía que pasar dos semanas en el hospital haciendo pipí en una garrafa enorme. Las enfermeras venían a mirar mi pipí, era un poco raro, pero nos reíamos. Y la última... La última era amarilla neón. De verdad. Y meaba fosforito como un subrayador.

DIANA

(Sonríe, imaginando).

¿Y brillabas por dentro?

ANABÉ

(Sonríe también).

Un poquito, sí. Como el señor Burns, ja, ja, ja.

Ah, y a veces la quimio no se pone en el hospital, se pone en casa. La mía roja, por ejemplo, me la ponían en un aparato que llevaba encima en una riñonera. O en pastillas. O en botecitos que cuelgan de una percha con ruedas y suena como si fueras un robot de feria. Cada caso es un mundo.

DIANA
¿Y qué se hace cuando no sabes qué hacer?

ANABÉ
Preguntas.

La mejor forma de ser amiga de alguien con cáncer es preguntar: «¿Qué necesitas, Triana?».

«¿Te apetece que te llame un ratito?». «¿Te abrazo?». «¿Cómo estás?». «¿Quieres ver una peli?».

EL MIEDO
(Se revuelve incómodo, como si esas preguntas lo espantaran).

ANABÉ
Y si un día no te contesta... no es porque te quiera menos. Es porque necesita una pausa.

Como en verano, cuando os vais de vacaciones. ¿Os dejáis de querer en verano?

DIANA
No.

ANABÉ

Pues esto es parecido. Mírame a mí, veo a Juanma cada muchos meses y vivimos lejos, pero no lo quiero menos, ¿o me quieres menos, cazurro?

JUANMA

No, no te quiero menos. A veces hasta te echo de menos y todo.

DIANA

(Sonríe).

¿Y si ya no es la misma?

ANABÉ

Bueno, no va a ser la misma. Pero nadie lo es. ¿Tú eres la misma que cuando ibas a infantil?

DIANA

(Suelta una leve risa). Pfff. No. Antes no me gustaban las lentejas.

ANABÉ

¿Ves? Todos cambiamos. Hasta los que no tienen cáncer. Lo importante es que sigas a su lado mientras cambia. Aunque se quede en silencio o se enfade o tenga cara de haberse comido un brócoli.

EL MIEDO

¿Y yo? ¿Qué hago yo, entonces?

ANABÉ

(Dirigiéndose por primera vez a MIEDO).

Tú también te quedas. Pero quietecito ya, como en un rincón de la clase. Mirando, sin hablar, que me tienes harta. *(Lo dice enfadada, como una madre regañando a su hijo).*

DIANA

¿Y si un día tengo muchas dudas?

ANABÉ

Entonces me llamas. Me escribes. Me mandas un dibujo. Me haces una pregunta muy rara. Las dudas no son malas, son normales. También puedes decírselo a Juanma, es un profe guay.

DIANA

¿Y tú me contestarás?

ANABÉ

Siempre, te lo prometo.

(Diana se enjuga las lágrimas con la manga, se queda un rato en silencio, tranquila. Está totalmente derecha en su asiento).

JUANMA

(En voz baja, a Anabé). Eres una crack.

ANABÉ

No, profe. Soy una radiactiva con superpoderes.

(Se ríen).

EL MIEDO

(Se levanta muy despacio, en silencio. Mira a Diana largo y tendido. Luego se marcha tarareando una canción infantil desafinada). ¡Ya volveré! Siempre lo hago…

Música final: suena el sonido de la campana plateada suavemente, de fondo. El rumor de pájaros vuelve, inundando la mañana otra vez. Se amplían las personas que pasan por el fondo, yendo a clase.

TELÓN

En Memoria de Marina Barrera Pérez

Con profundo amor y gratitud, invitamos a la Santa Misa para que hoy nos acompañe desde el cielo.
Recordaremos su espíritu alegre, luchador, valiente y su legado de amor en la misa que se celebrará el:

Día: 9 de noviembre
Hora: 19.00
Lugar: Capilla de Nuestra Señora del Carmen

Agradeceremos su presencia para honrar su memoria y orar juntos por su eterno descanso.

Elegía en prosa

a los que se fueron sin hacer ruido

> No te vayas, buen amigo
> quédate aquí con nosotros;
> están soltando los potros
> junto a lo verde del trigo…
>
> Rafael de León

A veces una quisiera no tener oídos. Arrancarse el canal auditivo como quien troncha una raíz podrida. Coserse la boca con hilo de cáñamo y aguja de madera. Voltearse los ojos hacia dentro, como un girasol que rehúye la luz. Todo, con tal de no recibir el mensaje.

Porque los mensajes llegan. No importa si una se esconde bajo las sábanas o en el buzón de spam. Llegan. Lentos, fríos, impunes.

A veces una quisiera dejar la piel en casa —como se deja el abrigo al entrar— y caminar por la calle con el cuerpo invisible. Ser bruma, humo, aire. Para que nadie me toque el hombro.

Para que nadie me pueda decir: «¿Te has enterado?», «¿Ya lo sabes?».

Para no temer que un día, cualquier día, me lleguen los rumores que no quiero oír, pero que siempre llegan. Los rumores de la pérdida, los rumores del vacío.

Los rumores que le llegaron a Rafael un día muy temprano, o muy tarde, depende de cómo se mire. Sí a Rafa, a Rafael de León. Rafita para los amigos. Me gusta imaginarlo un día cualquiera de septiembre, vestido con su traje marrón de franela, sentado en una cafetería de barrio. No sé si de Madrid o Sevilla, con los ecos de la guerra filtrándose por las ventanas. Lo pienso así, sentado en una mesa redonda muy pequeña, donde tiene posado su sombrero y un café poco amargo. Con un cigarro a medio apagar humeando aún en el cenicero. Está leyendo el periódico, muy concentrado, pasando las hojas con dedos de pianista cuando su amigo Paco lo ve desde la otra esquina y se acerca.

—¡Hombre, Rafaaa!

Se saludan con la calidez de quienes se conocen de siempre. Se dan brevemente la mano con una alegría sincera. Y entonces, sin sentarse, con algo de prisa, Paco se inclina un tanto, le acerca la boca al oído y le dice, en voz muy baja, pronunciando un secreto:

—Rafa…, ¿te has enterado?

—¿De qué, Paco?

—Que lo han matado… Al Fede. Se lo llevaron hace un par de semanas.

Silencio.

—Dicen que fue un tiro… No sé nada más.

Y entonces la escena se queda hueca. Como si alguien hubiera quitado el sonido al mundo. Tan en silencio que dudas de que haya personas y siquiera que existan.

Me lo imagino así, Rafael inmóvil, con la cucharilla detenida a medio camino, el café enfriándose sobre la mesa. Paco ya se ha ido, o no se ha atrevido a quedarse. El miedo lo ha desviado hacia otra calle, hacia otro café, hacia otro olvido. Rafael sigue en su mesa, sin moverse. La cafetería sigue viva: entran señoras con bolsas de pan, se ríen los camareros, un chiquillo desparrama monedas sobre el mostrador. Pero él no está ahí. Está en otra parte. En ese lugar al que solo se llega cuando una noticia te corta el pecho desde dentro.

No hay cadáveres. No hay tumba. No hay verso todavía. Solo una certeza muda: *a Federico lo han matao*:

Lo mataron en Granada,
una tarde de verano…

Eso es lo que escribe directamente, allí mismo, sobre una servilleta. Lo que salió cuando por fin pudo expresar algo. Lo que sangró sobre el papel. Rafael escribió una elegía a su amigo. Una que no llegó a publicarse oficialmente.

Aquellos versos no estaban en ningún periódico, ni revista. Tampoco se escuchó en la radio. Pero se supo. Entre amigos, conocidos, vecinos, hijos, primos, tías, madres, poetas, granaínos, pescadores, barrenderos, muchachitas y cantaoras se corrió la voz, como si fuera un rastro de pólvora a punto de estallar. Y bastó. Se supo, y con ello todo el aire cambió de forma. Porque aquel poema era noticia y era luto.

Así llegan también nuestras noticias. Las que no salen en los telediarios. Ni forman parte de la historia. Las que no importan a nadie, salvo a quienes vivimos de milagro. Las que dejan huecas familias, historias, fechas. Las que suceden en la planta quinta del hospital, donde las muertes no se anuncian: se susurran entre batas blancas. Se lloran en baños públicos, con la cabeza apoyada contra la cerámica fría. Se sienten como maldiciones que ya estaban predichas en los márgenes de los informes clínicos. Son noticias que expanden las bocas de madres, hermanas, amigos, hijos, niñitos y abuelas.

Y así como Rafael recibió aquel golpe seco en una cafetería, yo recibí el mío años después, en un WhatsApp que me encogió las tripas con hilo de pescar:

> Hola, Anabé.
>
> Soy Cristina, la amiga de Marina. Quiero que sepas que ayer la sedaron y hace unas horas murió.
>
> Ella quiso que te avisara.
>
> Lo siento mucho.

Entonces una se parte. No con elegancia, no como un jarrón que se rompe en dos mitades simétricas al golpe de un martillo seco. No. Se parte como se parte un niño aterrado al saberse solo: a lo largo y en silencio, tumbado en el suelo, todo enmocado y sin consuelo alguno.

Quisiera entonces hacerme hormiga, enrollarme en mi propia lágrima y rodar hasta algún hueco pequeño donde el dolor no quepa. Llorar por mí y por todos mis compañeros. Salvarnos a gritos, como si gritar curase. Como si pudiera despertar de la pesadilla que es a veces la vida.

A mí, cuando me dijeron lo de Marina, no se me vino ningún verso. Ni uno. Solo se me llenó el pecho de un aire malo, como si me hubieran vaciado el oxígeno y lo hubieran llenado de agua de mar. Estaba ingresada en el hospital, recibiendo quimioterapia. Me acuerdo de que la noche anterior habíamos hablado con total normalidad. Nos reímos, creo. Ella me sostuvo la mano un rato. Me dijo que tenía miedo, pero que estaba tranquila. Me dijo que le dolía menos. Y al día siguiente, ya no estaba. Nada. Ni la risa, ni el hueco de su cuerpo en la cama, ni su voz.

Sangre en verso derramada,
poesía dulce y roja…

Lo nuestro también es poesía derramada. Pero no de la que se escribe. De la que se atraganta, la que se mastica con rabia, la que da miedo nombrar por miedo a que se confirme.

Muy poco tiempo después llegó el rumor de Anita. Habíamos compartido habitación un par de veces. Ella hacía verdaderas obras de arte con las agujas de ganchillo. Se pasaba el día tejiendo para su nieto de apenas dos años: mantitas, gorros, ositos. Reía bajito como si no quisiera molestar al dolor. Le temblaban las manos al coger el móvil. Murió una mañana cualquiera. De esas que amanecen sin un solo aviso de que se llevarán algo. Y yo me enteré porque encontré a su marido derrumbado en una silla del pasillo. Fue entonces cuando me lo dijo:

—¿No sabías? Anita falleció anoche.

Así. Sin más.

Tampoco tuve un papel a mano entonces. Yo solo supe llorar. Llorar como un torrente porque otra amiga, una de las buenas, se iba.

Por cielos de ceniza
se va el poeta;
la frente se le riza
como veleta.

No hay diferencia entre el poeta y la amiga. Todos los que mueren en esa planta lo hacen con una frente rizada por el miedo. Y una se queda. Sentada. Respirando. Comiendo fruta. Contestando mensajes con pulso de autómata. Como si nada. Como si fuera otra. Apagándose por dentro para no sentir. Volviéndose sorda a la existencia, a las estadísticas, a los significados.

En la palma de sus manos
como un niño lo traían…

Yo también querría traerlos así. Sujetarse las muñecas como quien sostiene la cuerda de un globo a punto de escaparse. Detener el barco de la muerte antes de que se los lleve. Coger a Israel del brazo, como aquella vez que andábamos por el pasillo, los dos conectados al gotero, haciéndonos los valientes. Él me hablaba del miedo como si fuera un cuento de abuela vieja. Pero el miedo era real. Y volvió. Y se lo llevó. Como a los otros. Sin más. Y otra vez el rumor del viento me trajo su mala noticia.

Y luego le pasó a Maca. La última. A ella sí que pude despedirla. Fui a verla a Córdoba. Nos sentamos juntas en un bar, con su padre. Le dije que me casaba, le presenté a mi futuro marido. Ella me sonrió con una ternura que solo tienen los que ya lo han visto todo. Su cuerpo era una cáscara. Sus ojos, un lago al anochecer. Cuando nos despedimos supimos que sería la última vez. Ella misma fue quien me lo dijo. No fue mayor consuelo.

—Esta vez me toca, lo sé. Viene a por mí, ya no puedo más y aquí me quedo.

Cuando murió no pude llorar. Se me derritieron las venas. El corazón ya lo tenía congelado, se volvió una piedra de río.

Y es que cómo explicar ese sentimiento amargo, complejo, denso, asqueroso que dejan las noticias de la muerte.

Cómo explicar la pena que no se llora en los entierros, sino en las duchas. La culpa sin delito. El vértigo de saberse excepción. Porque yo también tenía cáncer, igual que ellos. Mismo hospital. Mismo pasillo. Misma mirada rota en los espejos del baño. Entonces ¿por qué ellos sí? ¿Por qué yo no? Y no hay respuesta. Y no la habrá. Pero eso no impide que el pensamiento gire, se clave, te taladre en la madrugada como un grillo.

Y entonces te odias un poco. Te vuelves un lugar inhóspito. Te miras al espejo y te sientes un ladrón que ha escapado de la cárcel y solo quiere esconderse de todas las miradas.

Y todos los días son aniversario de algo que no sabes nombrar. La fecha en que se fue Marina. La fecha en que Anita dejó de tejer. La fecha en que Israel dejó de hacer chistes. La última conversación con Maca. No sabes si agradecer que estás viva o enfadarte con la existencia por haber matado a tus compañeros.

No te vayas, buen amigo,
quédate aquí con nosotros;
están soltando los potros
junto a lo verde del trigo…

Porque se han ido. Y yo me quedo con este amor desbordado que ya no tiene destinatario. Con esta risa que solo ellos entendían. Con este miedo que no se dice en voz alta porque los demás no lo comprenden. Con esta certeza de que, con cada uno que muere, me muero un poco yo también. Y mueren nuestra historia, nuestro espacio compartido, nuestra compresión entre hilitos de charla. Muere el idioma secreto de la quinta planta, el que solo puede hablar un sobreviviente de oncología. Y ya no queda nadie, ni uno solo, que comparta esta bala, esta herida, este duelo, esta agonía, esta esperanza oxidada.

Y entonces, en una noche cualquiera, cuando la casa está en silencio y nadie pregunta nada, me enciendo el móvil, como quien enciende una vela, y busco consuelo en alguna canción.

Lo encuentro donde menos lo esperaba: en un viejo vídeo de YouTube. Una grabación temblorosa, donde la voz de Lola Flores, rota y solemne, recita la elegía de Rafael de León.

«Réquiem por Federico». Y en cuanto ella empieza, sé que no es solo para él.

¡Como una espada,
llevadlo, así, entre «oles»
por su Granada...

Esa oda no es solo para el poeta de la Vega. Es para todos ellos, los silenciados por las circunstancias de la vida. Los que no salieron en el periódico, los que no tuvieron homenajes pomposos.

Para Marina, Anita, Israel, Macarena.

Porque yo no soy poeta ni sé escribir elegías, pero comprendo el hueco amargo y tenebroso que deja un amigo herido por la mísera bala de la muerte.

CONSENTIMIENTO RENOVADO PARA LA CRIOPRESERVACIÓN DE ÓVULOS

Yo, D.ª ______________________________________, con DNI ____________________, manifiesto que:

1. Fui sometida en fecha [_____] a estimulación ovárica y extracción de ovocitos, que fueron criopreservados en este hospital.

2. He sido informada de la necesidad de renovar mi consentimiento para la conservación de dichos ovocitos, conforme a la legislación vigente y a la normativa interna del centro.

3. Entiendo que los ovocitos se conservarán en las condiciones técnicas adecuadas, y que esta decisión podrá ser revocada por mí en cualquier momento.

4. En caso de no renovar este consentimiento en los plazos previstos, autorizo a que los ovocitos sean destruidos de acuerdo con la normativa aplicable.

Firma de la paciente:

____

Firma del médico/responsable del servicio:

____

Mamita linda

> Yo no estoy fuerte y el embarazo me debilitará más.
>
> FRIDA KAHLO

Siendo sincera, no recuerdo exactamente cuándo comenzó el deseo de ser madre. Tampoco sé si fue el anhelo innato e inocente de una niña o la educación tradicional en que fui criada. No logro distinguir el germen, eso es verdad, pero sí puedo reconocer el sentimiento que se fue tejiendo con los años: una mezcla de ternura anticipada, de sentido de propósito, de una alegría suave que imaginaba solo al pronunciar la palabra «hija», «hijo».

Me gusta pensar que todo surgió cuando supe que tendría una hermana. Recuerdo el vientre abultado de mi madre en sus últimas semanas de embarazo y recuerdo a la perfección la primera vez que la vi. Mi hermana nació cuando aún quedaba un mes para que yo cumpliese cuatro años. Estaba en casa de mi abuela materna cuando mi madre entró por la puerta con un cochecito de capota. Era ella, estaba ahí. Asomé la cabeza a aquel carrito y me encontré con un ser diminuto, moreno, con mucho pelito negro en la cabeza y vestida con un trajecito de croché rosa. Me asombra la nitidez de esta imagen que aún perdura en mi cabeza. Sé que es real porque no hay fotografías de ese día y tampoco nadie me lo narró. Está grabada con una tinta distinta, de esas que solo utiliza la memoria cuando algo nos parte en dos. Supongo que lo considero la semilla primaria, el brote de ese sentimiento, porque dejó una huella imborrable en mí.

No quiero romantizar. La llegada de mi hermana no fue un acontecimiento sin sombras. Por supuesto, sufrí una etapa de celos enormes, un resentimiento callado que no supe expresar más que con berrinches. Odiaba que aquella criatura adorable me hubiese arrebatado mi sitio: la pequeña, la mimada, la preferida. Aunque, por suerte, de eso no tengo memorias directas. Mi madre relata, sin embargo, cómo durante años trepaba a la cuna de mi hermana en mitad de la noche para dormir con ella. Me acurrucaba a su lado, sin aplastarla, rozándole apenas un piececito, una manita. No sé si era para asegurarme que seguía viva, o por el simple y profundo placer de tocar la vida. De rozar la inocencia. De pertenecer. Pero, indiscutiblemente, ella era mi sitio preferido para descansar.

Aquello inició un camino de juegos y simulacros. Me metía los cojines bajo la camiseta para inventarme embarazos, cuidaba a mis muñecas como si fueran bebés, adoraba hacerme cargo de mis vecinitos pequeños, y pronto noté que tenía un don especial para simpatizar con los niños. Como si ellos vieran algo en mí que los tranquilizaba. Como si yo les hablara en un idioma secreto que no había olvidado del todo.

Desde entonces, la maternidad se me fue dibujando como un destino dulce y natural, casi inevitable. Una especie de promesa silenciosa que habitaba mis juegos, mis pensamientos, mis planes de futuro. Nunca imaginé mi adultez sin hijos. La sola idea de no desearlos me resultaba ajena, una posibilidad que no me correspondía. Es curioso, porque en esas ensoñaciones no siempre había pareja. A veces me imaginaba sola, con un niño dormido en mis brazos. Y era suficiente.

Para mí, ser madre era una manera de continuar el amor. De perpetuar la ternura. Un refugio donde todo lo importante —el cuidado, la risa, el asombro— se mantenía a salvo. Mi maternidad ideal era una versión corregida y mejorada de lo bueno que yo misma había recibido. Y lo cierto es que fue mucho. Tuve padres cariñosos, una infancia en la que el afecto era palpable, un hogar donde aprendí que llorar no era un defecto y que abrazar con dulzura era una forma de hablar.

Imaginaba a mis hijos como criaturas destinadas a sentir el mundo con el corazón abierto, a preguntar sin miedo, a desobedecer lo que hiciera falta para ser libres. A veces me sorprendía imaginando sus voces antes de dormir, sus pies descalzos por la casa, los dibujos torpes pegados en la nevera. Ser parte de ese proceso me parecía un sueño: ver a alguien desplegarse.

Muy poco antes de mi enfermedad, apenas unas semanas, me topé en una librería con un libro que me atravesó como una lanza dulce: *Felizidad*, de Olga Novo. Un poemario rojo como la sangre viva, como la carne recién nacida, donde la poeta narra el nacimiento de su hija, Lúa, y lo entrelaza con los últimos años de vida de su padre enfermo. Todo sucede en la casa familiar: los primeros pasos de una niña y los últimos de un hombre. La infancia y la vejez, la leche y la morfina, la ternura y la despedida. Y en medio de todo eso, la voz de una madre, también de una hija, que escribe y observa, que ama y tiembla, que transforma el dolor en belleza.

Ese libro me cambió. No solo por su lirismo —que es brutal, telúrico, lleno de imágenes que parecen paridas con las manos en la tierra—, sino por la manera en que presentaba la maternidad como una continuidad vital, no como un rol. La poeta no romantizaba: mostraba la crudeza del cuerpo, la intensidad del vínculo, la fragilidad del amor. Pero también la maravilla de acompañar un principio mientras otro se extingue. El círculo completo.

Antes de que tu llegues
y empiece la poesía a ponerse en posición fetal
y los nutrientes de una manzana formen tu preciosa pleura
voy a salir ahí dentro a proclamar la victoria del instinto
y que el mundo vea cómo la hiedra se me enrosca en el cerebro
y aquellos que nunca amaron lloren a lágrima viva
ante tus piececillos que aprenden a andar sobre el aire.

Antes de que tú llegues
y tus manos diminutas jueguen con los átomos
haciendo los cinco lobitos y a mí
se me parta el cráneo como un cristal
viendo la pureza de tu gesto
debería el viento terral barrer las esquinas del Universo
y no dejar ni rastro del mal antes
de que tú llegues…

Ahí estaba todo: la esperanza, el terror, el cuerpo como campo de batalla y de milagro, el instinto como una forma legítima de sabiduría. Y yo, que ya por entonces empezaba a mirar a la maternidad con más complejidad, sentí que ese libro abría un espacio nuevo. Uno en el que era posible maternar con contradicción, con deseo y con dudas.

Empecé a leer más. Me informé sobre tipos de crianza, investigué el término «violencia obstétrica», conocí los cambios físicos que atraviesa el cuerpo cuando gesta. Comprendí que parir podía ser empoderador o devastador, que la maternidad no era un destino, sino una práctica, una decisión, una relación viva. Me parecía una mezcla absurda de putada y poesía. Pero incluso entonces, nada de lo leído me preparó para lo que vendría después. Porque cuando el cáncer llegó, la maternidad dejó de ser una promesa y se volvió una pregunta desgarradora. Casi, una imposibilidad.

Acababa de cumplir veintiséis años cuando el mundo, sin previo aviso, se desmoronó. Tenía planes, tenía libros, tenía cuerpo. Un cuerpo que hasta entonces me había sostenido sin grietas, que era mío, confiable, obediente. Pero de pronto se volvió traidor. Una célula fuera de lugar, una proliferación silenciosa, un enemigo oculto en mi propio tejido.

Mi oncóloga —una mujer de voz firme y ojos muy abiertos— me habló de la posibilidad de congelar óvulos. Lo dijo como quien ofrece un salvavidas a alguien que ya está bajo el agua. En tiempo récord, sin margen para digerir, empecé a hormonarme. Me pinché el abdomen cada noche con agujas que parecían cuchillas. Sentía que me llenaba de algo espeso, ajeno, abrumador. Mis ovarios se inflamaron como frutos al borde de reventar. Fui a revisiones, ecografías, analíticas. Mi útero se convirtió en laboratorio. Y al final, estaba el quirófano.

Extrajeron treinta y siete óvulos. Treinta y siete minúsculas promesas encapsuladas en frío, preservadas en nitrógeno como si fueran piedras lunares, como si algún día pudieran darme aquello que la enfermedad estaba intentando quitarme: la continuidad. Firmé papeles que no debería firmar nadie a esa edad. Si moría, debía decidir si donar mis óvulos a la ciencia, a otras mujeres, o destruirlos. Destruirlos. Imaginar a mis futuras hijas como células anónimas deshechas en un tubo.

Ahí entendí que el deseo de ser madre estaba también hecho de miedo. Un miedo antiguo, animal, de esos que se alojan entre los órganos. Miedo a no llegar a tiempo. A heredar la fragilidad. A dejar huérfana a una hija que apenas había empezado a nombrarme. ¿Y si mi cáncer era genético? ¿Y si parir significaba pasarle una semilla envenenada a alguien que ni siquiera había pedido venir al mundo? ¿Y si mi cuerpo era venenoso después de tanta quimio?

Durante el tratamiento, empecé a tener una pesadilla recurrente. Soñaba que estaba embarazada, pero que dentro de mí no crecía un bebé, sino un tumor. Un bulto con dedos. Algo que se alimentaba de mí sin querer vivir. Me despertaba empapada en sudor, con la sensación brutal de haber estado habitada por la muerte. Como si la idea de gestar hubiese sido contaminada para siempre. Como si mi cuerpo ya no pudiera ser casa, solo un campo de minas.

Contra todo pronóstico —y tras un via crucis de miedos, químicos, cicatrices y agotamiento— sigo aquí. Viva. Escribiendo. Respirando. Y hace apenas unas semanas, volví a la clínica para renovar el consentimiento que mantiene mis óvulos en hibernación. Esta vez entré de la mano de mi pareja, un hombre bueno, tierno, de esos que saben escuchar en silencio. Llegó en medio del cáncer, cuando mi cuerpo estaba cansado, y mi ánimo, en ruinas, y aun así eligió quedarse. No retrocedió ante las quimios ni ante las cicatrices: se quedó, me sostuvo, me quiso. Y con el tiempo, entre hospitales y remansos de calma, nos enamoramos. Y es que finalmente, de forma inesperada, el novio hizo su aparición. Y ambos íbamos sabiendo lo que queríamos: ser padres. No algún día lejano. Pronto. Juntos.

Pero algo en mí se resistía. Como si debajo del deseo latiera un ruido oscuro. En la sala de espera, rodeada de mujeres con carpetas clínicas en la mano, sentí una punzada familiar: esa angustia profunda que aprendí a disimular. Y durante la cita, cuando el médico repasó las condiciones, las tasas de éxito, los posibles riesgos, yo solo pude hacer una pregunta, una y otra vez, casi como un rezo invertido:

—¿Puede haber secuelas?

—¿Es seguro para mí?

—¿Y para ella?

Porque ya la imagino. No es un concepto, no es un anhelo abstracto. Tiene rostro. Piel de leche y ojos enormes. Tiene voz, y me llama desde algún lugar que no sé nombrar. Pero a esa imagen se superpone otra, más brutal: la de un tumor creciendo al mismo tiempo que mi hija. Multiplicándose al ritmo de sus células, compartiendo espacio, alimentándose de lo mismo. Como si mi cuerpo no supiera distinguir entre vida y amenaza. Como si dar vida implicara, inevitablemente, ponerla en riesgo.

No es un miedo racional. Es corporal, visceral, casi supersticioso. Me imagino embarazada y lo primero que siento no es dicha, es vértigo. ¿Podré cuidar de ella sin convertirme en un manojo de alertas? ¿Seré capaz de no tocarme compulsivamente el pecho en busca de bultos? ¿Cómo se educa a una hija en la alegría cuando una parte de mí aún duerme con la muerte bajo la almohada?

Hay días en los que me siento fuerte. Capaz. Dispuesta a abrirme al milagro. Y hay otros en que me aterra lo que pueda parir. No porque no lo desee. Sino porque no sé si podré sostenerlo.

A veces me pregunto si ahora deseo la maternidad con más conciencia o con más miedo. Si esta versión mía que escribe, que duda, que pregunta mil veces lo mismo en cada consulta médica, tiene simplemente los pies más en la tierra. Si ha sido el cáncer el que me arrancó de cuajo la venda, el que deshizo esa imagen edulcorada que construí de lo que era maternar. Esa fantasía suave, redonda, sin fisuras. Donde parir era poético, criar era puro instinto y todo lo demás —los cuerpos rotos, la violencia obstétrica, la soledad, el dolor crónico, la tristeza posparto, las pérdidas— quedaba fuera de campo.

Hoy veo otras cosas. Veo a mujeres sangrar durante semanas, sin recibir una sola palabra de consuelo. Mujeres que han perdido el deseo sexual durante años. Mujeres que se sienten malas madres por necesitar tiempo a solas. Veo a madres jóvenes que caminan con episiotomías mal cerradas, con las costillas fracturadas por una cesárea de urgencia, con los pezones en carne viva, y aun así se levantan. Mujeres que no pueden dormir, que no pueden gritar, que no pueden pedir ayuda porque siempre hay alguien más vulnerable que ellas en la habitación.

Veo también enfermedades que se disparan después de parir. Tiroides alteradas. Emociones enloquecidas. Cicatrices internas que nadie revisa. Pérdidas gestacionales que se viven en secreto, como si fueran fracasos personales y no dolores inmensos. Partos que son una guerra. Hijos prematuros. Depresiones posparto que acallan. Todo eso está ahí. Y nunca me lo dijeron.

Pero también veo otra cosa. Veo a una madre que camina con su hija dormida en el pecho, y el mundo entero se vuelve suave a su paso. Veo a una niña que llora, y una mujer que sabe exactamente cómo sostenerla, con una paciencia que no se aprende, se recuerda. Veo la potencia salvaje del amor materno. Esa forma de entrega que no pide aplausos. Veo cómo se hereda una historia, cómo se nombra el futuro. Veo a mujeres que paren en el hospital y sonríen exhaustas. A otras que deciden no parir, pero sí maternar. Mujeres que crían entre dos, entre tres, entre redes invisibles que sostienen cuando el cuerpo no da más.

Y me pregunto si eso no es la verdadera maternidad. No la promesa sin fisuras, sino el compromiso de estar incluso cuando se rompe todo. De amar con miedo. De parir con dudas. De criar sin garantías.

Quizá mi deseo ha cambiado. No es menos fuerte, pero sí más honesto. Ya no quiero maternar porque «es lo que toca» o porque una parte de mí anhela replicar la ternura que conocí. Quiero maternar si puedo hacerlo con libertad. Si puedo ponerle palabras al cansancio. Si puedo llorar sin que eso me reste. Si puedo decidir con mi cuerpo entero y no desde la urgencia del reloj biológico o la presión del linaje.

El cáncer me obligó a mirarlo todo desde otro lugar. Me mostró que el cuerpo es un campo que puede florecer o incendiarse, que la vida no está garantizada y que el amor no siempre basta. Pero también me enseñó que, si estoy aquí, si todavía tengo la posibilidad de elegir, eso en sí mismo ya es un privilegio.

Hoy no sé si tendré una hija. No sé si lograré embarazarme sin que el miedo me devore, si podré cargar con la ambivalencia sin que me hunda. Pero sé que, si llega, no me encontrará inocente. Me encontrará abierta. Despierta. Lista para amarla con todo lo que soy: lo roto, lo sano, lo tembloroso, lo tierno.

Y quizá eso, precisamente eso, sea también una forma de estar preparada.

Quizá el miedo siempre tuvo que formar parte de la ecuación.

EPÍLOGO

La chica que sobrevivió

> Somos también quienes no hemos sabido ser, y los imposibles pesan lo mismo —y a veces más— que lo alcanzado. Toda conciencia es fantasiosa: baraja realidades y quimeras.
>
> Felipe Benítez Reyes

¿Cuándo acaba el cáncer? Es una pregunta extraña, ciertamente. Solía pensar mucho en ella y sigo pensando en ella años después de que todo comenzase. Aún no tengo una respuesta.

Mientras escribo esto, el pelo me ha vuelto a florecer en la cabeza y en todas las partes de mi cuerpo. El vello aún es tímido en las axilas y en las cejas; las pestañas finalmente también han hecho aparición. Mi piel está algo opaca y escamada. Me cuesta no sonreír a todas horas, también me cuesta no llorar a todas horas. Estoy tremendamente cansada. Aún perdura cierta inflamación de los corticoides y la medicación en las piernas; es un proceso lento.

El tumor ha conseguido remitir y fosilizarse en mi rostro. Según las últimas noticias, hemos conseguido detener el avance, petrificarlo en mi maxilar superior derecho. Para pacientes como yo, que nunca tuvieron opción a extirpar la neoplasia, es lo máximo a lo que podemos optar: la vigilancia.

Así que, sí, tengo un tumor controlado en mitad del rostro. Es una buena noticia, la mejor noticia, supongo, y sin embargo, el camino del cáncer no ha finalizado para mí; de hecho, no sé si algún día lo hará.

He vivido tanto tiempo las secuelas del tratamiento para vencer al cáncer que nunca conseguí imaginar las distintas vertientes del después. Pensar en ello era doloroso y lejano, pero ahora sencillamente está aquí y es difícil de digerir.

Te cuento esto porque nadie me lo contó a mí. Hasta que fui diagnosticada, mi conocimiento acerca del cáncer se basaba en historias romantizadas y poco reales; casi parecían un capítulo de *Harry Potter* o un anuncio de compresas.

Incluso a día de hoy, de todas las experiencias oncológicas que conozco, solo me han relatado dos finales posibles: la muerte o la cura; ninguna de ellas habla de la realidad: la supervivencia.

No existe la historia universal del cáncer. Es una enfermedad compleja, casi infinita, y solo conozco mi propio camino, que es apenas una improvisación. Solo puedo decir con certeza que he comenzado una senda distinta, pero las huellas de la anterior aún perduran en mis suelas.

En los próximos años, iré recurrentemente a revisiones, sufriré algunos de los efectos secundarios a largo plazo del tratamiento y, sobre todo, tendré que resistir la más cruel y dura de las pruebas: la fobia al regreso del monstruo, el trauma.

Sí, siento decirte que una vez que has vencido a una enfermedad de tales características, el miedo nunca consigue diluirse por completo, pero quiero pensar que de alguna forma consigues aprender a vivir con él. Yo, estoy en ello.

Al principio es el terror a que vuelva a aparecer el tumor, luego el miedo a la vida en general: llevas demasiado tiempo desconectada del mundo. El trabajo, los estudios, la vida social son una prueba constante que ha de ser superada. Cada pequeña tos por gripe, o quizá una agujeta si comienzas a hacer ejercicio, despierta todas tus alarmas. Lo que antes ni siquiera pasaba por tu cabeza ahora se te presenta como la opción más factible. La incertidumbre no será la única perspectiva, sino la extrañeza más profunda.

La vida fuera del hospital se me antoja extranjera, con sus propias costumbres y extraños conceptos que ya no casan conmigo. Las preocupaciones de los que siempre he amado me son lejanas y siento que debo traducirme a una lengua de conceptos peregrinos que tengo que aprender de nuevo. El mundo es otro ahora que vuelvo a él, mi mirada sobre él es más terca y sufrida.

No tengo ninguna fórmula mágica que compartir, esa es la verdad. Ahora que ya no tengo miedo a morir, he descubierto un inimaginado miedo a vivir y estoy conociendo mi cuerpo a través de la duda y el misterio.

Por ejemplo, hace poco que mi menstruación se ha normalizado. La sangre escarlata vuelve a brotar con regularidad y se escurre entre mis piernas, pero no sé si soy fértil o si podré ser madre pese a que siempre fue uno de mis grandes sueños. Confieso que la simple idea de tener un cuerpo celuloso creciendo en mi interior me comprime la garganta.

Sobre el espejo sigue asomando mi rostro abultado; he aprendido a agradecer sus cambios como una muestra de vida y no como una condena purgatoria.

Ya no espero regresar a ser alguien que no soy, simplemente me atraviesa la memoria de un pasado y la certeza de este momento.

El futuro es algo escabroso, aún necesito conjugarlo un poco más, pero cada vez es más apetecible; tiene un aura de sueño que me invita a desearlo.

Aún hay heridas que no me he atrevido a mirar. No sé si seré capaz de hacerlo.

Diría que ahora soy feliz, muy feliz. Diría que siempre hubo un poco de felicidad en todos mis días, también de miedo y también de dolor.

Quizá el descubrimiento final haya sido aprender a convivir con esas emociones a la vez. Entender que nunca me abandonarán. Todas estas vivencias me conforman y atraviesan siendo un conjunto equilibrado.

Siento decirte que no hay una solución perfecta para atravesar la vida, mucho menos el cáncer. Quizá este no es el final que esperabas, no tiene nada de heroico, y supongo que ahí radica su intensidad. Se vuelve desnuda a una vida que quedó paralizada con el extraño sentimiento de quien vuelve a la casa derruida que resiste tras una guerra.

¿Cuándo se acaba el cáncer? No se acaba. No llega una mañana en que te levantas y desaparece todo, o en la que vuelves a tener la vida que tenías. Tampoco vuelves a ser la misma persona que fuiste. La estela de la enfermedad es una cicatriz en nuestra conformación como persona. Sencillamente se aprende paso a paso y día a día a vivir de nuevo.

Eso es todo.

Y es, en esencia, mucho más de lo que tuve cuando esto empezó.

Agradecimientos

Este libro no me pertenece del todo: está tejido con muchas manos, con gestos, con voces y silencios que me sostuvieron cuando yo sola no podía. Cada página lleva algo de quienes me acompañaron. Gracias, infinitas gracias.

A mi familia, que fue raíz y refugio. A mi marido, que me ha descubierto una nueva forma de ser feliz. A mis amigos, que supieron inventar luz en los días más oscuros. Al personal del hospital y a mis compañeros y compañeras de habitación, que compartieron conmigo la rutina, el miedo y también la risa. He cambiado algunos nombres para preservar vuestra intimidad, pero sé que os reconoceréis en muchas huellas dentro de estas páginas.

Gracias también a Carles, Cristina, Carlos, Tórtel, David y a todo el equipo de Plaza y Janés, por acompañar este proyecto con tanto respeto, ternura, y hacer posible que estas palabras lleguen hoy a otras manos.

Y gracias a ti, lector o lectora, por leerme. Si en algún momento estas páginas lograron rozarte, acompañarte o simplemente hacerte pensar, habrá valido la pena. Te mando un fuerte abrazo.